Dominique Marchais, le temps du regard

Collection « Face B »
Suivi éditorial Erwan Desbois et Benjamin Fogel
Correction d'épreuves Hervé Delouche
Design couverture Lucien de Baixo
Mise en pages intérieure Camille Mansour

ISBN 979-10-96098-70-5
Diffusion / Distribution Cedif / Pollen

35, rue Kléber, 92300 Levallois-Perret
www.playlistsociety.fr

Ce livre est édité en collaboration avec l'Association des Cinémas de Recherche d'Île-de-France. L'Acrif réunit 68 salles de cinémas franciliennes autour de deux dynamiques : les films et les salles. L'association coordonne le dispositif scolaire Lycéens et apprentis au cinéma en périphérie parisienne. L'Acrif est soutenue par le CNC (Centre National du Cinéma et de L'image animée), le Conseil Régional d'Île-de-France et la Drac Île-de-France. Remerciement à Pauline Gervaise pour son aide précieuse.

ENTRETIEN / CINÉMA

Quentin Mével et Stratis Vouyoucas

Dominique Marchais, le temps du regard

Playlist Society

À la mémoire d'Yves Mével
et Andonis Vouyoucas

Introduction
par **Stratis Vouyoucas**

Dominique Marchais, l'arpenteur

ET IN ARCADIA EGO

Les films de Dominique Marchais s'agencent les uns avec les autres comme les pièces du puzzle que construit une petite fille – qui n'est autre que la fille du cinéaste – au début de *La Ligne de partage des eaux* (2014) : ils s'imbriquent par fragments, pour essayer de mesurer l'écart entre nos représentations de la campagne (qu'elles proviennent de nos souvenirs d'enfance ou des livres d'images avec lesquels nous avons grandis) et la réalité à laquelle nous sommes confrontés aujourd'hui. Le constat de départ est celui d'une désolation face à l'enlaidissement du monde rural et de ses paysages. Pas tant l'enlaidissement de « la Nature originelle », cette « Création divine » que nous aurait léguée notre « Terre mère », mais celui de paysages patiemment modelés par la main de l'homme dans une relation harmonieuse avec son environnement. Des paysages à visage humain, qui perdent peu à peu cet équilibre.

En mettant en relation paroles et images, le cinéaste vise moins à l'illustration qu'au surgissement d'une pensée dans cet écart entre les mots et les choses vues. Il y une dimension à la fois réflexive et éminemment performative dans le cinéma de Dominique Marchais : il ne cherche pas à simplement décrire le réel (si tant est que décrire soit simple), mais à donner à penser une réalité mouvante, instable, changeante, dont les modifications sont désormais visibles en temps réel. Le monde tel que nous le connaissions n'existe plus, sa mutation se poursuit de manière exponentielle et probablement inexorable. Il ne s'agit donc plus de représenter une réalité donnée, ni de figer sur la pellicule des paysages ou des modes de vie voués à une éventuelle disparition – ce qui a constitué une grande part de la fonction du documentaire, de *Nanouk l'Esquimau* (1922) de Robert Flaherty à *La Chasse au lion à l'arc* (1965) de Jean Rouch : archiver, consigner, garder une trace de mondes sur le point de s'effacer – mais de penser cette disparition alors même qu'elle a lieu. Et de tenter de l'enrayer.

Le Temps des grâces (2010), premier long-métrage de Dominique Marchais, rend compte d'une réalité morcelée, fragmentaire, qu'il est désormais impossible de montrer comme un tout homogène dans une unité harmonieuse du visible. Le désir manifestement élégiaque du cinéaste, de rendre compte d'un Monde où l'homme trouverait sa place dans un équilibre avec la nature – une nature que la civilisation humaine n'a cessé de modeler depuis des milliers d'années –, est devenu parfaitement utopique. L'élégie – à l'œuvre par exemple dans les grands westerns de l'âge classique – n'est simplement plus envisageable, car on n'assiste désormais plus seulement à la vision des effets potentiels de l'effondrement du monde, mais bien à l'effondrement lui-même. Celui-ci est le produit de la volonté de domination de la nature propre à la civilisation occidentale, qui s'est muée en force de destruction depuis la révolution industrielle et n'a cessé de s'amplifier de manière chaotique et exponentielle à partir de l'après-guerre. La mélancolie du cinéma de Dominique Marchais vient peut-être du deuil de ne pouvoir être un cinéaste classique, comme le fut idéalement John Ford.

Mais si *Le Temps des grâces* part tous azimuts, c'est aussi par désir d'explorer de manière presque exhaustive la radicalité des transformations du paysage. Il s'agit de comprendre ce qui s'est passé (et qui se passe encore). Il faut arpenter le territoire français dans toutes les directions pour enregistrer les traces de ces mutations, et entendre ceux qui sont capables d'expliquer, d'analyser, d'historiciser ce processus de destruction. Processus complexe tenant à la fois de l'anthropologie, de l'économie, de l'histoire, de l'agronomie, de la biologie, mais aussi d'une vision et d'une conception du monde. Le paysage est une question fondamentalement politique. La beauté déchirante du film tient à cela : il part d'un constat esthétique – celui de la perte irrémédiable de la beauté des paysages de notre enfance – pour se muer en instrument de combat politique. Il met en jeu une pensée sur le paysage, sur son rôle social et sur la fonction de la paysannerie à travers l'histoire et dans la société actuelle.

LA VOLONTÉ DE SAVOIR

Le Temps des grâces, à la différence de l'écrasante majorité des documentaires à « sujet » ou à « thèse », ne se contente pas d'être la courroie de transmission d'un savoir déjà constitué : il (se) pense avec nous, ses spectateurs, en se faisant, sans connaître préalablement son objet, mais en le définissant au fur et à mesure qu'il progresse, et il nous aide à penser avec lui. Il ne nous écrase pas de son surplomb, se distinguant en cela de la pléthore des films écologistes à visée pédagogique, qui nous font crouler sous les informations et les statistiques. S'il part dans tous les sens, ce n'est pas par confusion, mais pour rendre compte de la complexité du réel. S'il est fragmentaire, c'est à l'image de la fragmentation du monde, mais aussi pour intégrer le spectateur au processus de réflexion qu'il engage afin de nous y faire une place. À l'écoute du film nous apprenons de la parole, qui y tient une place centrale et se confronte aux images pour produire de nouvelles idées ou de nouvelles représentations. Comme dans *Le Jardin aux sentiers qui bifurquent* de Jorge Luis Borges[1], nous accompagnons un cheminement labyrinthique qui pourtant progresse de manière cohérente, défrichant peu à peu le taillis inextricable de notre réalité déstructurée.

1 Nouvelle de Jorge Luis Borges, publiée en 1941, *Le Jardin aux sentiers qui bifurquent* raconte l'histoire d'un espion chinois, le professeur Yu Tsun, durant la Première Guerre mondiale. Le texte prend la forme d'un labyrinthe littéraire, dont il est lui-même l'issue.

On le sait depuis les courts-métrages documentaires d'Alain Resnais jusqu'aux *road movies* des années 1970, quand la caméra arpente un territoire, c'est surtout le temps qu'elle remonte. Dans *Le Temps des grâces*, c'est vertigineux : à travers la parole des différents intervenants, c'est presque mille ans de ruralité qui nous sont contés, loin des leçons académiques, auxquelles le film préfère une parole organique, vivante et incarnée. On saisit tout à la fois la permanence de l'Histoire, la lente constitution du paysage agricole français avec ses haies et ses bocages, ses bois et ses champs, puis l'euphorie de la modernisation des Trente Glorieuses, qui contenaient pourtant en germe non seulement la destruction de ces paysages, mais de l'agriculture elle-même par l'appauvrissement des sols, la systématisation des monocultures, symptômes de l'oubli de la relation entre la spécificité d'un terroir et le goût d'un aliment. L'Histoire n'est pas ici une matière linéaire qu'on déroulerait pour le spectateur. Elle s'incarne à travers le vécu de ceux qui nous en parlent, et elle se compose par le montage à travers des couches successives qui laissent voir par transparence des couleurs qu'elles recouvrent partiellement.

Si *Le Temps des grâces* arpente le territoire dans toutes les directions à la fois, superposant l'espace et le temps pour tenter de reconstituer l'histoire mouvante d'un paysage en train de s'effacer sous nos yeux – comme s'effaçaient, sous les yeux des archéologues, les fresques découvertes dans les tunnels du métro de Rome dans *Fellini Roma* (1972). *La Ligne de partage des eaux*, le film suivant de Dominique Marchais, se concentre pour sa part sur une portion du territoire – le bassin versant de la Loire – et la sillonne en suivant ses réseaux hydrographiques et routiers jusqu'aux confins de l'océan Atlantique. Il s'agit ici de partir de la géographie pour comprendre l'inextricable réseau des mécanismes institutionnels. Dans *Le Temps des grâces*, le rapport au paysage se fonde d'abord sur une inquiétude esthétique, qui se mue en préoccupation écologique, autrement dit politique. Dans *La Ligne de partage des eaux*, la question politique est immédiatement et constamment au cœur du film, depuis le territoire lui-même, d'où les institutions publiques, exécutives ou législatives, situées à Paris ou Bruxelles semblent très éloignées. On y voit surtout le politique s'exercer au niveau local, à travers les nombreuses réunions, rencontres, discussions entre acteurs politiques locaux, défenseurs de la nature et spécialistes de l'eau : commissions locales sur l'eau, conseils communautaires, réunions publiques… Ces réunions permettent de rendre compte de ce qui se joue à l'échelle régionale ou communale : fragiles alliances, points de convergences, mais surtout rapports de forces, loin de l'utopie de l'expression d'une démocratie locale. On découvre à quel point l'alliance de l'État et des intérêts financiers forme un rouleau compresseur auquel il est terriblement difficile de résister. L'aménagement du territoire n'est plus pensé comme un bien commun, mais comme une source de profit qui a pour conséquence l'accroissement ininterrompu des zones pavillonnaires, des zones d'activités commerciales ou autres plateformes logistiques qui impriment le paysage de leur laideur indélébile.

ROAD TO NOWHERE

Le film tire aussi sa force et son étrangeté de la façon dont on passe de l'eau au bitume, de la rivière à la route. Les ruisseaux, rivières et autres fleuves sont parsemés d'obstacles et y circuler est devenu pratiquement impossible. À la géographie du bassin versant et à son réseau hydrographique se superpose un réseau routier qui finit par le recouvrir jusqu'à presque le substituer à notre regard. Pour suivre le fil de l'eau, il faut donc prendre encore la route. Et prendre la route pour Dominique Marchais revient naturellement à interroger notre rapport au paysage. Par l'entremise du paysagiste Alain Freytet, l'expérience ordinaire du paysage se mue en expérience cinématographique majeure, permettant de poser très concrètement des mots sur des maux. La simplicité de la mise en scène souligne l'intelligence du dispositif : une caméra braquée sur le paysage, l'autre sur le paysagiste commentant ce qu'il voit, dans un champ-contrechamp qui relève de l'évidence. Comme les ruisseaux, les routes sinuent d'abord dans les campagnes avant de se jeter dans de plus grandes routes, dont elles seraient les affluents, pour finir sur de vastes voies rapides avant d'enfin pénétrer les villes : rien de plus commun pour n'importe quel automobiliste que de suivre ces itinéraires fléchés sans y prendre garde. Lorsque Freytet vient nommer ce phénomène, nous comprenons que nous l'avions toujours perçu sans savoir le formuler. Notre rapport à l'environnement change du tout au tout selon que la route sinue au cœur du paysage, accompagnant les courbes du terrain ; ou qu'en s'élargissant elle file droit, entourée de talus qui masquent les perspectives et nous coupent de la nature environnante ;

ou encore quand, à l'entrée des villes, nous sommes cernés par les affiches publicitaires et les zones d'activité en préfabriqué exhibant leurs gigantesques enseignes.

« TOUS LES FEUX LE FEU[2] »

Le film, s'il avait suivi sa logique géographique, aurait dû se conclure dans l'estuaire de la Loire sur les rives de l'océan Atlantique, devant un horizon embrumé de mélancolie. Mais c'est à Faux-la-Montagne[3], en Creuse, tout en amont du bassin versant, qu'il revient boucler sa boucle. Nous y avions vu plus tôt un groupe de personnes engagées dans la construction d'un écoquartier. Nous les retrouvons en train d'imaginer leurs maisons et d'y envisager leur futur. Ils sont à la fois inquiets pour l'avenir et confiants dans leur projet. Avec de la pâte à modeler – comme des enfants imaginant leur monde, comme la petite fille reconstituant un puzzle dans la première séquence –, ils construisent les maquettes de leurs

2 Titre français d'un livre de Julio Cortazar, traduction Laure Guille-Bataillon, éditions Gallimard, 1970 (1966 pour la version originale).

3 Commune du département de la Creuse, située sur le plateau de Millevaches.

futures maisons, réfléchissant ensemble à la fois à leur rapport à l'environnement naturel, à l'urbanisme de la commune et aux relations humaines qui s'y tissent. Un projet exemplaire générateur d'un optimisme prenant le contrepied de la mélancolie dominante. En repartant de la source du bassin versant, un autre agencement du territoire est possible. Le film se clôt par une fête de village où les enfants tournent et dansent autour d'un grand feu, dont les flammèches s'envolent aux quatre vents avant de s'estomper dans la nuit.

L'EUROPE BUISSONNIÈRE

Après l'Histoire et la Géographie, dans l'œuvre de Dominique Marchais, vient l'Utopie, la façon dont on essaie d'envisager le futur. Mais aujourd'hui l'utopie ne peut plus se permettre de vouloir faire table rase du passé. Elle doit composer avec l'état du monde. Bricoler, réparer, panser, plutôt que penser des sociétés idéales ou imaginer des avenirs radieux et des lendemains qui chantent. *Nul homme n'est une île* (2017) part ainsi chercher dans différents recoins de l'Europe des formes d'actions vertueuses. Aucune ne se borne à protester contre un état de fait, toutes tentent concrètement d'agir sur le réel. À nouveau, le film semble se disperser aux quatre vents : quoi de commun entre une fresque en Toscane, une ferme en Sicile, un village des Alpes suisses ou le Voralberg en Autriche ? Il s'y joue, comme à Faux-la-Montagne, mais à une tout autre échelle, des processus vertueux où des hommes et des femmes travaillent à faire vivre localement l'esprit de la démocratie et à produire le « paysage du bon gouvernement ».

LA FORME D'UNE VILLE

Allégorie et effets du Bon et du Mauvais Gouvernement est le titre de la fresque de Ambrogio Lorenzetti, visible au Palazzo Pubblico de Sienne, sur laquelle s'ouvre le film. Elle fut peinte à une époque (1338-1339) où la ville de Sienne était gouvernée par des citoyens s'efforçant d'œuvrer pour le bien commun et la prospérité de tous. C'est l'une des premières œuvres où figurent des ouvriers, des artisans, des paysans et des commerçants, loin des nobles ou des saints habituels. Une des premières œuvres, aussi, à représenter principalement des bâtiments civils – dans toute la splendeur qu'ont su leur donner les citoyens de Sienne – plutôt que des édifices religieux. Enfin, c'est la première fois que l'on représente un paysage pour lui-même.

Dominique Marchais filme cette représentation idéalisée de la ville de Sienne et sa campagne environnante de la fin du Moyen Âge comme il filmerait un véritable paysage. Les plans sur la fresque du Bon Gouvernement ne viennent pas illustrer le commentaire de l'historienne Chiara Frugoni, mais dialoguent avec sa parole, éclairant la vision politique qu'avaient ces Toscans de la Renaissance balbutiante. Nous avons l'impression de pénétrer ce monde et de le comprendre de l'intérieur. Nous voyons une ville en plein épanouissement économique, dans une interdépendance totale avec la campagne qui l'entoure, le développement de l'une contribuant au bien-être de l'autre. La campagne ne se doit pas d'être seulement fertile pour que prospère la ville, mais doit rehausser de sa beauté la magnificence de la Cité. Sur la fresque du mur opposé, celle du Mauvais Gouvernement mû par l'appât du gain, les intérêts particuliers, l'égoïsme et la violence, règnent la brutalité et le saccage. L'équilibre entre les parties est rompu. La campagne est en friche, la ville en proie à la destruction. Le montage actualise de façon brutale les enseignements de la fresque : un raccord nous fait découvrir le paysage de la Sicile moderne, gangréné par l'urbanisation sauvage. Nous vivons sans le moindre doute possible sous le règne du « mauvais gouvernement ».

Pourtant, depuis 2013, en Sicile, une coopérative agricole locale, les Galline Felici, se maintient au cœur de cette folie destructrice – prospérant par ses réseaux en Italie et en Europe, elle est largement bénéficiaire et ne cesse de se développer –en préservant le paysage et en continuant à produire des agrumes de qualité dans un cadre social égalitaire. Le cinéma de Dominique Marchais permet de rendre compte de cela de manière terriblement tangible : ce havre de verdure et beauté encerclé par les autoroutes, les hangars logistiques et les centres commerciaux, persiste malgré toutes les agressions subies. Le cheminement de Dominique Marchais rappelle le geste de cinéma de Pier Paolo Pasolini lorsqu'il tourne à Orte, un village du Latium, la première séquence d'un court-métrage pour la télévision, *Pasolini e… la forma della città* (1974). Orte y apparait dans toute sa perfection médiévale harmonieusement agencée au paysage, jusqu'au moment où la caméra dézoome, dévoilant un bâtiment moderne. Pasolini commente : « En ce moment, la destruction de l'ancien monde, c'est-à-dire le monde réel, a lieu partout. L'irréalité s'*étend à travers la spéculation immobilière du néocapitalisme* ; au lieu d'une Italie belle et humaine, même si elle est pauvre, nous faisons maintenant face à quelque chose d'indéfini, et c'est peu de dire que c'est laid. »

Ce que montre *Nul homme n'est une île*, c'est comment dans des contextes géographiques et économiques très différents, en Sicile, au cœur de la Suisse ou du Voralberg autrichien, une même démarche se répète, celle de créer par soi-même, collectivement, les conditions de sa prospérité et de son développement, sans pour autant rogner sur ses valeurs. Ce n'est pas un hasard si tous ces modèles se trouvent à l'étranger : ils se sont construits dans une méfiance, voire un rejet de l'État centralisé qui reste omniprésent en France. Ce sont des expériences insulaires, et c'est cette insularité même qui leur permet de perdurer et de se renforcer. Dominique Marchais crée une sorte de canal de navigation entre ces îles. Il s'agit certes d'expériences singulières et locales, mais qui tissent un lien avec le reste du continent, ne serait-ce que par leur exemplarité : « La question est dès lors de savoir comment s'ouvrir au monde tout en cultivant sa différence. [...] Le local, ici, c'est une unité d'action, de projet, plus que d'appartenance », nous dit-il dans le dossier de presse. Le titre du film, qui se réfère à un poème de John Donne du début du XVIIe siècle, le suggère : « Nul homme n'est une île, un tout, complet en soi ; tout homme est un fragment du continent, une partie de l'ensemble ; si la mer emporte une motte de terre, l'Europe en est amoindrie, comme si les flots avaient emporté un promontoire, le manoir de tes amis ou le tien ; la mort de tout homme me diminue, parce que j'appartiens au genre humain ; aussi n'envoie jamais demander pour qui sonne le glas : c'est pour toi qu'il sonne. »

THÉORIE ET PRATIQUE DES RIVIÈRES

De prime abord, on pourrait distinguer dans l'œuvre de Dominique Marchais des films centripètes (*Le Temps des grâces*, *Nul homme n'est une île*), qui multiplient les directions et recomposent l'espace, mus par la recherche d'un faisceau d'idées ; et des films centrifuges, qui se concentrent sur un territoire pour l'arpenter de manière obsessionnelle, comme c'est le cas de *La Ligne de partage des eaux* et de *La Rivière* (2023). Pourtant, en se resserrant sur une portion de l'espace, ces deux derniers films voient le cinéaste reproduire, sous une autre forme, la démarche de ses films centripètes, et ouvrir à nouveau le champ des possibles. Par où que l'on prenne le problème, il nous échappe et se déploie dans d'infinies ramifications, comme une image fractale qui reproduit son dessin à toutes les échelles.

Les premiers plans de *La Rivière* se posent sur un trou de verdure où coule une rivière qu'aucune présence ou construction humaine ne semble troubler. Seuls se font entendre le bruissement des feuilles et le clapotis de l'eau. Au détour d'un plan, cependant, nous apercevons quelqu'un. Une présence humaine périphérique. La caméra s'approche. C'est une femme qui ramasse des déchets microscopiques à l'aide d'une pince à linge. Un travail lent et laborieux. On se dit que ce n'est pas comme ça qu'elle va sauver la planète. Puis nous apprenons que ces minuscules résidus de plastique sont en fait particulièrement dangereux et polluants, à même de contaminer les eaux limpides. De périphérique, la présence humaine – et ses conséquences sur l'environnement – devient centrale, omniprésente, même lorsqu'elle ne se traduit pas par les lotissements et les aéroports, qui viennent obstruer notre regard à l'échelle macroscopique, mais par des déchets à peine visibles, qui s'immiscent à une échelle microscopique dans la nature. Avec ce film, Marchais opère un changement d'échelle pour essayer de se placer, comme il le dit lui-même, au niveau de l'infra-paysage : comment rendre visible ce que nous ne voyons pas à l'œil nu, comment le rendre perceptible et, par là même, intelligible ?

Comme dans les autres films de Marchais, le dispositif de départ confronte la parole et l'image, mais, cette fois-ci, de manière à faire surgir du visible ce qu'il nous cache. Le film met en place plusieurs stratégies de dévoilement ; car comment montrer une absence ? Comment rendre visible ce qui n'existe plus et qui pourtant était là ? En se déplaçant le long des gaves pyrénéens, *La Rivière* documente la beauté de ces paysages, tout en rendant visible tout ce qui disparaît progressivement. C'est ce pêcheur qui avance au bord de l'eau et nous parle des nuées d'insectes qui devraient l'entourer et des poissons qui autrefois pullulaient. C'est cet homme qui traverse le gave en bottes et n'en revient pas lui-même de constater à quel point l'eau a baissé. Ce sont ces scientifiques qui peuvent déterminer où ont séjourné les saumons grâce à une concrétion minérale logée dans l'oreille interne des poissons, l'otolithe. Ce sont ces chercheurs qui mesurent la taille des glaciers à partir de photos prises à différentes époques… On pense à la manière dont les œuvres de Roberto Rossellini suggèrent une présence immatérielle dans le monde pourtant tangible de ses films : les thons affleurent par centaines à la surface de l'eau que l'on croyait vide dans *Stromboli* (1950), tandis que dans

Voyage en Italie (1954), le vide laissé par les corps ensevelis de Pompéi, une fois empli de plâtre, donne à voir des silhouettes humaines là où littéralement il n'y avait rien.

MES AMIS

En plus de son souci du détail et de sa volonté d'aller voir au-delà des apparences, *La Rivière* se distingue aussi par son intérêt pour les personnes que nous découvrons à l'écran. Cela était déjà le cas pour certains intervenants dans les précédents films de Marchais, mais ici cela semble devenir le cœur du film : donner la parole à des gens qu'on admire ou qu'on aime. Ne plus filmer l'adversaire – ce qui inclut les institutions, qui font désormais partie du problème selon Marchais –, mais filmer des amis, des activistes, des combattants. Et tisser un lien invisible entre ces personnes qui ne se connaissent pas, mais sont animées par les mêmes préoccupations, mues par une intelligence et une connaissance de leur domaine sans équivalent, mais dont les paroles semblent bien souvent rester lettre morte. Marchais crée par le montage une communauté de pensée, en espérant peut-être qu'à l'avenir ces gens se rencontrent, se fédèrent et agissent ensemble.

En définitive, ce qui affleure à la surface du film, derrière la douceur apparente de sa mélancolie, c'est une grande colère. C'est le trajet intérieur de la filmographie de Dominique Marchais prise dans son ensemble : partir d'un constat mélancolique face à la détérioration des paysages de son enfance, pour arriver à une prise de conscience globale de la complexité des enjeux environnementaux. Passer d'une perception esthétique du réel à une vision politique du monde. C'est cette tension qui fait de lui un cinéaste, et pas simplement un « documentariste écolo ». L'aspect critique de son cinéma se fonde sur un regard sensible, troublé par la violence des destructions subies par le visible. La dimension écologique de ses films naît d'une question cinématographique tangible : que reste-t-il à filmer ? Et, dès lors, comment le filmer ? Peut-être fallait-il en passer par ces questions, et par les réponses que leurs donnent ses films, pour que Dominique Marchais puisse à nouveau se confronter au cinéma de fiction vingt ans après son premier court-métrage, *Lenz échappé* (2003). Son prochain projet se déroulera dans les paysages de *La Rivière*, mais intégrera une narration et des personnages fictifs.

Entretien
par **Quentin Mével**
et **Stratis Vouyoucas**

Propos recueillis
à l'été 2023 à Paris

Dans les années 1990, après vos études, vous avez commencé par être critique de cinéma aux *Inrockuptibles*, puis programmateur au festival Entrevues de Belfort. Aviez-vous déjà l'idée ou l'envie de faire des films ?

Je n'arrive pas à me souvenir si à 18 ans je souhaitais réaliser des films. Je ne crois pas. Je pense que je me projetais plutôt dans des choses liées à l'écriture. Mais avec *Les Inrockuptibles* et la critique de films, avec toutes ces rencontres avec des cinéastes, l'envie de réaliser s'est installée peu à peu. À vrai dire, le cinéma avait été essentiel dans ma construction. Depuis toujours, j'aimais les films. Et donc je pense qu'au moment où je quitte les *Inrocks*, c'est dans l'idée de faire des films. Mais ça prend du temps. Je suis assistant monteur sur un film de Jean-Claude Biette, *Trois ponts sur la rivière* (1999), puis je travaillotte sur *Dans la chambre de Vanda* de Pedro Costa (2000). Trois personnes vont être de vrais soutiens lorsque j'arrête la critique : Jean-Claude Biette, le réalisateur Pedro Costa, et la productrice Janine Bazin, qui me propose de faire la sélection du festival de Belfort. J'ai dit « ok, mais avec mon pote Franck Beauvais[4] ». On a fait ça pendant quatre ans, on a renforcé la place de la compétition dans le festival. On s'est bien amusés et je crois qu'on a bien travaillé.

4 Franck Beauvais est lui aussi devenu réalisateur de nombreux courts-métrages ainsi que d'un premier long, *Ne croyez surtout pas que je hurle* (2019).

Lenz échappé (2003)

Votre premier film, *Lenz échappé*,
un court-métrage de fiction, est une commande.

Franck Beauvais m'avait présenté son ami Michel Klein, qui avait fondé une société de production, les films Hatari. Michel propose à Arte une collection de films courts, réunissant le jeune cinéma français d'alors : Philippe Ramos, Laurent Achard, Sarah Petit… Dans la liste, deux personnes n'avaient encore rien réalisé : Philippe Katerine et moi. Lorsque Michel m'expose l'idée de la collection, il me dit que le titre est « Portrait ». Mais lorsque je rentre chez moi, j'allume mon ordinateur et j'écris « Paysage ». Je travaille quelques semaines dans mon coin et quand je reviens le voir pour lui présenter mon idée de film « paysage », on a ri tant le lapsus faisait sens : portrait ou paysage, pour le film que je voulais faire, c'était tout-en-un.

Ce lapsus entre portrait et paysage préfigure vos films à venir.

Oui, même si ce film s'en distingue, car il est une entrée en matière très littéraire. Je crois que j'avais besoin de m'appuyer sur un texte pour débuter, bien que le film soit quasiment muet. J'ai adapté la nouvelle *Lenz* de Georg Büchner (écrite en 1835), dont le récit est basé sur des éléments réels : la visite du poète Jakob Michael Reinhold Lenz chez le pasteur Oberlin en 1778, dans l'espoir que ce dernier l'aide à traiter ses troubles psychiques. L'action se passe à l'époque de Goethe, du *Sturm und Drang*[5], une forme de rationalité cohabite avec des pratiques un peu ésotériques, des restes de pensée magique. Tout fait signe pour les membres de ce mouvement : les couleurs des pierres, la forme des nuages, les bosses sur les crânes. On sent bien ça dans *Cœur de verre* de Werner Herzog[6]. Je crois d'ailleurs que mon film est un peu hanté formellement par le cinéma de Werner Herzog, que j'ai toujours beaucoup aimé. J'ai fait un travail de recherche documentaire sur le pasteur Oberlin. Sa manie de faire des silhouettes de tous les gens qu'il a rencontrés m'a vraiment intrigué. Il s'agissait de dessiner les contours de l'ombre portée des personnes, placées de profil derrière

5 Mouvement politique et littéraire allemand de la seconde moitié du XVIIIe siècle, dont le nom signifie « Tempête et passion ». Lenz en était l'un des principaux membres, aux côtés de Goethe.

6 Réalisé en 1976, *Cœur de verre* raconte la quête du secret emporté dans sa tombe par un maître verrier qui vient de mourir, dans l'Allemagne du XVIIIe siècle.

une feuille de papier laissant passer la lumière. C'était fort à la mode à l'époque, et Oberlin en aurait fait 2 000, dont la silhouette de Lenz. Oberlin correspondait avec Johann Caspar Lavater, l'inventeur de la physiognomonie, une pseudoscience selon laquelle les traits d'une personne permettent d'inférer sa personnalité. Là aussi, des milliers de dessins ont été réalisés, dont certains très étranges. Oberlin et Lavater ne se sont jamais rencontrés, la nouvelle de Buchner expliquant qu'une crise de Lenz a contraint Oberlin à renoncer à son voyage en Suisse pour rencontrer Lavater. Tout cela, c'est le hors-champ du livre de Büchner, mais le cœur de mon film. Je m'affranchis de la vérité historique pour organiser dans l'espace du film cette rencontre qui n'a pas eu lieu, des pasteurs Oberlin et Lavater, avec Lenz au milieu. Aujourd'hui encore, je me demande qui des trois était le plus fou, même si pour l'époque et le commun des mortels, il ne faisait pas de doute que c'était Lenz.

Le travail fait sur *Lenz échappé*, c'est finalement déjà la méthode documentaire qui sera celle de mes longs-métrages. Je l'ai verbalisée après coup en disant que faire un film, c'est trouver son chemin dans une forêt, mais une forêt qu'il faut au préalable planter. Je crée la forêt dans laquelle je dois ensuite me repérer. C'est jouer à se perdre, puis à retrouver son chemin, en fait. On peut aussi parler de pétrissage : on étend la pâte, presque jusqu'au point de rupture, puis on la rabat. Puis on étend à nouveau… Même pour un film de 10 minutes comme *Lenz échappé*, quasi muet, je me suis beaucoup documenté, j'ai beaucoup pétri, j'ai beaucoup planté, je me suis bien perdu : physiognomonie, silhouettes, cabinet de curiosités, théorie des couleurs… et aussi la géographie, les routes, j'ai même essayé de retrouver le chemin par lequel Lenz était arrivé à Waldersbach [7] !

Certains plans de nature frappent déjà quand on voit ce premier film, et annoncent les suivants.

J'aurais aimé filmer davantage et avoir plus de matière au montage, mais j'ai éprouvé les limites de l'économie de la fiction : le temps du tournage est contraint, on te dit « non, c'est pas possible ». En fiction, le tournage est rarement un moment d'écriture. En revanche, j'ai aimé faire les repérages, j'avais l'impression de continuer à écrire le film, à chercher.

7 Ville d'Alsace, dont Jean-Frédéric Oberlin était pasteur.

Le Temps des grâces (2010)

Après ce premier court-métrage, vous décidez de faire des documentaires afin de pouvoir continuer à chercher à chaque étape de la réalisation ?

La frustration ressentie sur le tournage de *Lenz échappé* m'a amené à me dire qu'il fallait se donner les moyens que le tournage soit un temps de création et d'écriture. Un temps où on peut encore douter et réfléchir avec les partenaires qu'on a choisis pour faire le film. C'est là que j'ai vu le régime de production documentaire comme un espace d'expression possible. Un havre de liberté même. Je me suis dit que ce devait être bien d'être peu nombreux, mais d'avoir « *all the time in the world* », comme le dit la chanson de Louis Armstrong. *Le Temps des grâces* a été tourné dans cet esprit, sur une longue durée. L'écriture du scénario du film, le tournage et le montage étaient intriqués. Nous étions trois, moi, Camille Lotteau au son et Sébastien Buchmann à l'image, à faire le film que nous souhaitions, même sans avoir beaucoup d'argent. Camille, qui est monteur, n'avait jamais fait de prise de son, mais je voulais qu'il soit de l'aventure et il a appris à percher pour le film. Le studio du *Temps des grâces*, ça a été ma voiture d'alors, qui nous a trimballés à travers toute la France.

D'où vient votre désir de réaliser un film sur l'agriculture ?

Il y a une expérience fondamentale dont *Le Temps des grâces* témoigne : j'ai grandi à environ 70 km de Paris, dans un paysage rural qui s'est énormément transformé. Des paysages agricoles se sont effacés, des lotissements les ont remplacés. Mes grands-parents maternels étaient agriculteurs, une petite exploitation en polyculture élevage. Typiquement ce qui a disparu, surtout dans ce coin-là, aux confins de la Beauce, de la Normandie et de la région parisienne. Du côté de mon père, ils sont négociants en céréales, soit une partie du système agro-industriel qui lui se développe. J'ai donc un double héritage, les perdants et les gagnants, ceux qui disparaissent, ceux qui restent. Mais ce qui est commun aux deux côtés, c'est qu'on n'utilise jamais le mot paysan. On dit agriculteur, ou exploitant agricole. Encore aujourd'hui j'ai du mal à utiliser ce mot, alors que la plupart de mes amis agriculteurs se disent paysans. Pour en revenir à ce qui m'amène à travailler sur l'agriculture, ce qui m'alarme, c'est la transformation du paysage. J'ai besoin de mettre des mots là-dessus. Des mots sur les maux. Je cherche des réponses à des questions que j'ai longtemps posées dans le vide. Je questionnais mon père et mon frère sur leur travail et ils ne me répondaient pas, ou pas vraiment. Alors j'ai poursuivi le dialogue à ma façon – avec d'autres. C'est peut-être ce qui explique la dimension très masculine du film. En tout cas ce film, c'est beaucoup pour mon père et mon frère que je le fais, je crois. Et pour témoigner du fait que j'appartiens aussi, d'une certaine manière, à ce monde agricole, même si je suis parti à la ville, faire tout autre chose. Qu'il m'intéresse profondément ce monde, que je m'y sens lié.

Vous avez dès le départ une idée de la forme du film ? Vous filmez beaucoup d'entretiens et de paysages en voiture, dans un mouvement.

On est souvent en voiture parce qu'on tourne dans beaucoup de régions : les Causses, le plateau de Millevaches, en Pays de la Loire, mais aussi en Île-de-France, en Bourgogne, en Champagne. Cette diversité paysagère est consubstantielle au projet. Car il s'agit aussi d'un film sur la France. Je veux donner à voir la complexité de l'agriculture française, la diversité des paysages agricoles et nuancer des oppositions bien établies entre élevage et céréaliculture, bio et pas bio, Confédération paysanne et FNSEA [8]. J'essaie de faire converger des positions qui aujourd'hui m'apparaissent irréconciliables, ce qui s'explique en partie par ma biographie. Je crée un forum où les gens essaient de penser un projet commun. Je croyais encore à l'époque que l'État pouvait infléchir les choses, avec de bonnes réglementations, et contribuer à produire de beaux paysages, une bonne agriculture. Même si l'on ne peut pas dire que *Le Temps des grâces* soit un film très gai, il croit encore au pouvoir de la raison et à la capacité des gens à se mettre d'accord sur un bon projet. Il croit encore à la possibilité du bon gouvernement. Ma vision actuelle est beaucoup plus sombre.

Pour en revenir au mouvement, on roule beaucoup et l'expérience sensorielle de glisser dans le paysage s'impose comme une des figures du film. Travellings latéraux et frontaux. On filme aussi beaucoup le paysage qui s'éloigne avec netteté dans le rétroviseur ; une manière de documenter la disparition de ces paysages-tableaux, par effacement progressif ou destruction brutale. Ces plans de rétroviseurs n'ont pas été montés. Je sais que ce sera un film d'entretiens et de paysages. Les entretiens en voiture sont d'ailleurs une façon de

8 Fédération nationale des syndicats d'exploitants agricoles. Ses prises de position la placent plutôt à droite politiquement, tandis que la Confédération Paysanne est plutôt classée à gauche.

faire coexister dans le même plan la parole et le paysage. C'est quelque chose que j'aime faire. J'ai continué dans les autres films. Quand les gens accomplissent une tâche quasi automatique comme conduire, leur parole a une qualité particulière, une fluidité que j'aime beaucoup. La pensée prend appui sur des choses dans l'espace, qui surgissent et qui s'éloignent. Il y a une tension entre la discontinuité des paroles et des pensées d'une part, et la continuité du paysage d'autre part, qui produit quelque chose d'essentiel pour mes films. Le paysage était déjà ma préoccupation dans *Lenz échappé*, mais ici je veux le travailler avec les moyens du cinéma documentaire. C'est-à-dire, principalement, le temps. Je sais donc dès le début que je vais beaucoup tourner.

Comment se constitue l'équipe du film ?

J'ai en tête les films de Marcel Ophüls, immense cinéaste. Lorsque je parle du film au chef opérateur Sébastien Buchmann, je lui dis qu'on doit voir *Hôtel Terminus*[9] (1988) ensemble. Bien avant le tournage, je réfléchis aussi avec qui je vais monter. Je rencontre Jean-Christophe Hym, à qui je parle aussi d'Ophüls. Ça

9 Film documentaire réalisé par Marcel Ophüls, relatant la vie du criminel de guerre nazi Klaus Barbie.

l'intéresse, et il me parle d'une autre œuvre que je ne connais pas, *Français si vous saviez*, un ensemble de trois films documentaires réalisés en 1973 par André Harris et Alain de Sédouy, qui étaient associés à Ophüls pour *Le Chagrin et la Pitié*[10] (1971). Je regarde ces trois films, et je me dis que Jean-Christophe a bien compris ce que je cherche. Et on a effectivement très bien travaillé ensemble ensuite. Je choisis de travailler avec Sébastien et Jean-Christophe pas seulement parce qu'ils sont bons – ça ne suffit pas – mais aussi parce que nous aimons les mêmes films. Ce sont des personnes avec qui j'aime bien parler de cinéma, et ce n'est pas avec tout le monde qu'on parle de films. Et aussi, très important, ils ne séparent pas dans leur propre pratique documentaire et fiction. Encore aujourd'hui, l'un et l'autre font des documentaires alors qu'ils sont très demandés en fiction. Je ne comprends pas les cinéphiles qui disent ne pas aimer le cinéma documentaire. L'opposition documentaire/

10 Autre film documentaire réalisé par Marcel Ophüls, faisant la chronique de la vie de la ville de Clermont-Ferrand entre 1940 et 1944, à partir d'images d'archives de l'époque (essentiellement tournées par le régime de Vichy) et d'entretiens menés en 1969. La télévision française refusa de diffuser le film lorsqu'il fut achevé en 1971, car il s'agissait d'une des premières œuvres à exposer ouvertement la collaboration avec l'occupant nazi, à rebours du récit dominant d'une France entièrement résistante.

fiction m'épuise. La séquence du *Chagrin et la Pitié* dans la voiture avec les résistants auvergnats est une grande émotion de cinéma. On se croirait dans un Jean Renoir ! Son *Toni* (1935) est un film documentaire, enfin ! Pour moi, *La Charge héroïque* de John Ford (1949), que j'ai vu je ne sais combien de fois, est aussi un film documentaire sur les nuages. Déjà ado, les films qui m'électrisaient, c'étaient ceux de Roberto Rossellini, *La Marseillaise* (1938) de Renoir – à mes yeux un documentaire tourné en 1789. Il y a dans ces films des effets de réel, de présence, d'humanité, qu'on pourrait chercher longtemps dans le cinéma *mainstream*.

Aviez-vous des idées de mise en scène avant le tournage ?

Quand j'entame *Le Temps des grâces*, j'ai envie d'un film qui va me permettre de filmer des champs, des chemins, des routes, des ciels. Comme si j'étais un peintre. Filmer de la parole, et des paysages. Je n'ai pas d'idées précises de mise en scène, nous parlons des heures et des heures dans la voiture du film en train de se faire, et de nos westerns préférés. On voit un beau nuage et, sans se parler, Sébastien sort la caméra qui est à ses pieds, il le filme, puis la route, le paysage… Parfois j'ai des réminiscences de certains de ces plans. Je connaissais ces rushes de routes et de paysages par cœur, j'en avais des heures et c'était précieux. On a réalisé aussi beaucoup d'entretiens, filmés en DV – la HD[11], c'était cher pour nous, on la réservait aux plans de paysages sur pied. J'ai monté dans le film des rushes que je n'aimais pas à 100 % visuellement, mais ce qui était dit était important. Il y a des plans qu'on aime, mais c'est celui qu'on trouve un peu ingrat qu'il faut monter. Il faut avoir une vue d'ensemble. *You have to kill your darlings*, comme on dit à Hollywood.

Comment le film est-il financé ?

J'ai des aides à l'écriture de différentes régions et du CNC, et l'avance sur recettes à la troisième tentative. Au final, le film est bien financé, mais comme il est long à écrire, puis à tourner, il se fait dans une certaine pauvreté, et uniquement grâce à la persévérance et à la fidélité de l'équipe.

11 HD = haute définition ; DV = Digital Video. Il s'agit de deux formats d'enregistrement vidéo, le premier offrant une meilleure résolution que le second.

Comment s'est passée la préparation ? Vous aviez beaucoup lu sur les questions d'agriculture, de paysage ? Vous aviez rencontré en amont les personnes que vous souhaitiez filmer ?

Le Temps des grâces, c'est une grande nébuleuse. Beaucoup de lectures, dans plein de disciplines différentes : économie agricole, agronomie, histoire des paysages ruraux, histoire des négociations commerciales. Je me demande où faire commencer l'histoire : en 1992 avec la nouvelle PAC (Politique agricole commune) ? Dans les années 1960 avec les premiers rounds de négociations du GATT (accord général sur les tarifs douaniers et le commerce) ? En 1961 avec la construction du mur de Berlin et la création de la PAC ? Ou bien carrément avec le plan Marshall de 1948 ? On pourrait aussi faire commencer l'histoire avec le Front populaire et la mise en place des premières politiques agricoles, ou avec les lois Méline en 1870, qui marquent le début de la prise en main et de l'organisation par l'État du monde agricole, et les premières mesures protectionnistes. C'est une régression sans fin : je remonte jusqu'aux physiocrates[12] de la première moitié du XVIIIe siècle, je m'intéresse à la

12 La physiocratie est une école de pensée économique dont la thèse centrale est que la valeur provient de l'agriculture, et que cette dernière doit être laissée à elle-même.

question des assolements[13] au Moyen Âge, à l'agronomie antique. Je m'intéresse à tout.

Dès le début, j'articule aussi ce projet de film sur l'agriculture avec les questions du travail, de la valeur, de la subvention. Je fais des listes de personnes que je souhaite rencontrer : des agronomes, des économistes, des économètres, des théologiens, des agriculteurs, et même des écrivains (Pierre Bergounioux, Mathieu Riboulet, Jean-Loup Trassard – je les ai filmés tous les trois, même si seul Bergounioux se trouve dans le film en définitive). J'écris à chacun, je force ma timidité. Je leur fais part de toutes mes questions, de mes lectures, de mon parcours. C'est une façon de les mettre au travail. J'ai besoin qu'ils soient avec moi dans le projet. Le film se fait avec leur intelligence, leur façon de s'approprier et reformuler mes questions. Les gens me disent souvent qu'on sent un cheminement dans ce film. En effet, ça a vraiment été un cheminement. Lecture, repérage, tournage s'étalent sur trois ans à peu près. On a une centaine d'heures d'entretiens et peut-être 200 heures de rushes de paysages, de routes… Tout cela forme une forêt que j'ai plantée

13 L'assolement désigne la division des terres d'une exploitation agricole en parties distinctes, appelées soles, consacrées chacune à une culture donnée pendant une saison.

et où je me suis allègrement perdu, pour finalement retrouver mon chemin.

Ce chemin existait en partie au moment des entretiens, ou il s'est fait au montage ?

Au montage. On a essayé je ne sais combien de façons d'agencer les choses. J'ai réécrit le dossier plein de fois ! Avec des notes d'intention dans lesquelles j'expliquais les questions méthodologiques que je me pose : l'injonction de tout dire, la dimension encyclopédique, le côté tableau synoptique très fort, qui m'écrasait parfois. C'est le surmoi du film. Et de l'autre côté, pour essayer de m'en sortir, de trouver des lignes de fuite, je cherchais d'autres esthétiques : du côté du fragment, chez Nietzsche, Montaigne. Comment construire une pensée tout en reprises, superpositions, tuilages.

Comment ordonner ce travail à l'écrit et à l'image ?

L'organisation des rushes est passée par des moments assez systémiques, avec des chapitres comme : produire, échanger, consommer, ou à un autre moment, des notions comme la valeur, le travail… Mais ces catégories ne fonctionnaient pas, il aurait fallu totalement saucissonner le matériau filmique. J'ai mis du temps à comprendre que la cellule de base du film, c'était les exploitations agricoles.

Parce que les récits que les agriculteurs portent sur leurs fermes ont déjà en eux cette transversalité et cette pluridisciplinarité après lesquelles le film courait. On est alors partis sur une forme plus sérielle, avec des séquences par blocs. Première exploitation, Benoit Joubert ; deuxième exploitation, Daniel Calame ; troisième exploitation, Thierry Letellier. Là, quelque chose s'est mis en place. Et un motif est apparu, très productif en termes de narration, qui a permis beaucoup de raccords, de connexions : le motif du bocage et de la haie. À l'écriture, ce n'était qu'un motif parmi d'autres, avec la valeur, le travail… Mais au montage, on a réalisé qu'à travers la question du bocage, on rejoignait des questions agronomiques, comme la perte de fertilité des sols, mais aussi paysagères, et qu'on arrivait à relier beaucoup des fils du film, tels que l'eau, l'urbanisation.

Comment préparez-vous les entretiens ?
Vous y êtes présent – on entend parfois vos questions, les personnes s'adressent à vous – et en même temps absent à l'image.

Pourquoi est-ce que chez Ophüls, les entretiens, c'est du cinéma ? Derrière la simplicité apparente de la situation d'interview, il y a une multiplicité de facteurs qui contribuent à sa réussite ou son ratage. Le décor, la lumière.

La posture et les gestes du personnage. Son charisme, bien sûr. Tout cela joue, et tout cela, on le découvre au moment de tourner. Il faut donc faire vite. Il n'y a pas de règles, pas de dogme. Il faut s'adapter aux conditions qui ne sont jamais les mêmes. Décider de la quantité d'air entre la personne interviewée et l'objectif. De la profondeur de champ, de la netteté qu'on va donner à l'arrière-plan. La bibliothèque vitrée de Bergounioux n'a pas du tout la même cinégénie que la bibliothèque de Mendès-France dans *Le Chagrin et la Pitié*, avec ces vieilles reliures en cuir patiné. Ça ne fait pas la même image ! Je laisse à Sébastien Buchmann une très grande latitude parce que je suis investi dans la conduite de l'entretien. Il essaie des choses. Ce qui est important dans ces cas-là, c'est d'avoir des références communes avec les gens avec qui on travaille. D'aimer les mêmes films, en gros. Ça évite bien des déconvenues. Quant à ma présence, sonore et visuelle, c'est le montage qui en décide. En fonction de l'ordre des séquences, on n'a pas les mêmes besoins. La question de ma présence dans le film est un enjeu dramaturgique, j'essaie d'y être le moins possible, mais à certains moments, on sent qu'on a besoin de me faire exister dans le documentaire, par une question, ou une amorce, parce que ça fait converger – ce qui est la démarche profonde du film – les regards, les personnes et les discours.

Vous commencez à monter pendant le tournage, afin de retourner si besoin voir à nouveau certaines personnes ou certains paysages ?

C'est l'histoire de ce film. Je pars, je filme, je dérushe. Ça infléchit le cours du film, je décide des prochains tournages, je me dis qu'il faut retourner voir telle ou telle personne. Par exemple, Albert Peyronnet. Je l'avais rencontré lors des deux seuls jours de repérages que j'ai faits pour ce film, dans le Limousin. Il avait grandi comme garçon de ferme. C'était vraiment le servage. On n'imagine pas aujourd'hui ce que ça veut dire, ce qu'étaient les conditions d'existence des fermiers et métayers en France jusqu'au lendemain de la guerre. Ce n'est pas trop possible de faire la morale à ces gens-là sur leur passage à l'agriculture moderne. La modernisation a été une libération pour eux. Ils sont passés de la domination à ce qu'eux appelaient la parité – être l'égal des autres membres de la société.

Lors de notre rencontre, Albert Peyronnet m'avait raconté quelque chose qui ne me quittait pas, à propos de l'importance des livres dans sa vie. Pendant la Seconde Guerre mondiale, il est à Limoges où il travaille à la gare. Pour la première fois, il est dans une ville et tous les matins, il passe devant une librairie dans la vitrine de laquelle trônent des livres sur l'alimentation animale.

Il ne pensait même pas qu'on pouvait écrire des livres sur ce sujet ! Ça le choque même, qu'on puisse discourir sur ce qui fait son quotidien depuis sa naissance. Puis ça l'obsède. Il veut comprendre, savoir ce que ces livres peuvent bien avoir à raconter sur l'alimentation des vaches. Il économise et s'achète un des livres. Ça a été un choc pour lui, de lire sur le cycle de l'azote, les protéines, les assolements, les légumineuses. Ensuite, toute sa vie il a lu des ouvrages d'agronomie, cherchant à améliorer ses pratiques, à accroître ses rendements. Passer devant cette librairie a changé sa vie. L'agriculture, c'est ça aussi, des gens qui lisent. Et quand je pense à tous ces gars de la FNSEA ou des chambres d'agriculture qui m'ont sorti ensuite, lors des débats autour du film, avec leur petit air matois, que nous les Parisiens, les gens des villes, nous étions des « diseux », alors qu'eux étaient des « faiseux ». Ah ! quel plaisir j'ai eu de leur balancer Albert Peyronnet à la figure à ces tricheurs-là ! Mon grand-père maternel, agriculteur, il lisait tout le temps. Du Henri Troyat ou du Robert Merle[14], il aimait les livres.

Donc, au tournage, je retourne voir Peyronnet. Mais j'ai la mauvaise idée de le filmer avec un autre homme,

14 Henri Troyat et Robert Merle sont deux auteurs français du XXe siècle, lauréats du prix Goncourt respectivement pour *L'Araigne* (1938, Plon) et *Week-end à Zuydcoote* (1949, Gallimard).

ancien fonctionnaire de l'agriculture qui le connaissait bien et qui l'admirait. La séquence est décevante, trop de flatteries, de connivence. Et la façon dont Albert raconte l'histoire des livres est tellement moins belle que la première fois, je reste sur ma faim. Un an plus tard, on est à nouveau sur le plateau de Millevaches. Une après-midi se libère, on file chez Peyronnet. Cette fois, je lui demande de sortir ses livres et de me raconter à nouveau la librairie de Limoges. Mais il faut croire que les choses ne se donnent qu'une fois, car là aussi c'est moins bien. Qu'importe, car ce qui se passe ce jour-là chez les Peyronnet, avec l'arrivée d'Irène, sa femme, qui assène « On l'a fait nous le progrès, c'est fini. Les gens ne s'enrichiront plus », ça valait bien le renoncement au récit de la librairie de Limoges.

Comment s'est passé le montage ?

Le montage a été très long. Au moins deux ans et demi, au cours desquels je repars en écriture, en tournage. Jean-Christophe est de la trempe des Albert Jurgenson, le monteur d'*Hôtel Terminus*. Ce sont des personnes qui peuvent vivre avec 250 heures de rushes dans leur tête. Il apporte une méthode : il a retranscrit avec des mots clés l'intégralité des entretiens. Quand je ne sais plus qui a utilisé tel mot que j'entends dans la bouche d'un autre, on va dans notre bible, on tape le mot, on recherche toutes ses occurrences. Et on voit si ça peut se monter.

Le film semble construit par de nombreux fils – des thématiques, la lumière, ou des rimes et des échos parfois apportés par le rythme d'une séquence.

Oui, il a fallu du temps pour que le film avale tout son échafaudage et trouve sa forme au montage. Pour faire un film qui aide à comprendre, mais qui n'informe pas ; qui soit lisible par tous et laisse le spectateur libre de penser avec ses moyens propres. Je suis entré dans ce film avec la question du paysage, et peut-être aussi de la nostalgie, et j'en suis sorti avec l'écologie politique pour horizon. Quand j'ai commencé à travailler sur *Le Temps des grâces*, je ne parlais jamais d'écologie. C'est venu par toutes ces rencontres que j'ai faites, filmées, montées et, pour la plupart, non intégrées au film. J'ai filmé Edgard Pisani, Alexandre Chemetoff, Gilles Clément[15] et tant d'autres personnes. J'ai beaucoup appris avec ce film, j'ai pris conscience de beaucoup de choses,

15 Edgard Pisani (1918-2016) était un homme politique, qui a entre autres fonctions été ministre de l'Agriculture de 1961 à 1966. Alexandre Chemetoff (né en 1950) est architecte, urbaniste et paysagiste. Gilles Clément (né en 1943) est également paysagiste, concepteur de nombreux jardins publics en France et engagé dans les luttes écologistes.

notamment sur ma famille, en interviewant des gens de leur génération. La méthode du *Temps des grâces*, c'est le détour. Je suis parti d'un point de départ, mais le terrain a transformé le projet. C'est la différence entre programme et projet. Je ne fais pas des films programmatiques et encore moins militants. Je chemine. « Toi qui chemines, il n'y a pas de chemin, il n'y a que le cheminement », c'est Antonio Machado[16] qui dit ça, je crois.

16 Poète espagnol, né en 1875 et décédé en 1939.
La citation est extraite de son poème « Caminante, no hay camino ».

La Ligne de partage des eaux (2014)

Quelques moments du tournage du *Temps des grâces* tranchent avec l'exercice principal du film : filmer des entretiens et des paysages. Notamment la rencontre avec Alain Freytet, paysagiste que l'on retrouve dans *La Ligne de partage des eaux*.

Oui, sur *Le Temps des grâces*, j'ai rencontré des personnes et filmé des situations qui n'ont pas trouvé leur place dans ce récit, mais qui m'ont amené au film suivant. Alain Freytet est de ceux-là. Je l'ai connu au terme d'un coup de billard à trois bandes. On avait filmé Mathieu Riboulet pendant trois jours dans sa maison en Creuse, à causer agriculture, architecture et littérature. Il comprenait très bien ce que je cherchais. Il nous a mis en relation avec Pierre Bergounioux, que je voulais filmer et qu'il connaissait. Même chose avec une de ses amies, architecte-conseil dans la Haute-Vienne. J'avais déjà filmé plusieurs architectes et urbanistes pour le film, autour de la question de l'étalement pavillonnaire. Cette dernière travaille en binôme avec un paysagiste-conseil, Alain Freytet. On les filme lors d'une journée de vacation avec des maires ruraux du département.

Pour la première fois, on filme des situations de travail, pas des entretiens. Des gens qui se parlent entre eux, pas des gens qui me parlent à moi. Cet échange entre professionnels de l'aménagement et élus me passionne. Les premiers sont plutôt dans la pédagogie, et les élus incarnent pour leur part tout un tas d'enjeux, de difficultés du monde rural : garder des habitants, des services publics. Lorsque je fais un entretien, même si je ne suis pas filmé, je suis au cœur du dispositif. Mon investissement est total, comme un acteur. Là, cette situation périphérique d'observateur dans laquelle je me trouve est à la fois stimulante et reposante. Cette séquence n'est pas dans *Le Temps des grâces* parce qu'elle est trop éloignée de la rhétorique dominante, mais elle me servira de mètre étalon pour le film suivant. Car il était très clair que je ne voulais pas refaire un film avec une centaine d'heures de rushes d'interviews.

Je voulais faire un film de réunions, filmer la fabrique du territoire, le jeu des acteurs institutionnels. Tout m'intéressait : la DDE sur les bords de la route, les archéologues qui font de l'archéologie préventive sur le tracé d'une future LGV, les bonshommes qui prospectent dans les communes rurales pour trouver des terrains où construire des plateformes logistiques, des champs d'éoliennes ou des fermes solaires, les jeunes techniciens de rivières qui arrachent les plantes invasives dans les cours d'eau, les collectifs de militants qui se réunissent pour construire un écoquartier... Et puis j'ai mes petites obsessions: la privatisation de l'espace public, la disparition des chemins communaux par exemple. Partir en balade et devoir rebrousser chemin à cause du grillage d'une réserve de chasse, c'est le genre de truc qui me fait souffrir. L'accaparement. J'ai un côté jacobin, je suis très attaché à la chose publique, à ce qui appartient à tout le monde.

J'ai écrit une séquence avec des gens qui essayent de rejoindre la source de la Creuse et de la Vienne, en suivant l'itinéraire de la carte. Mais ils n'arrivent jamais à le faire. Cette séquence, presque de fiction, on l'a tournée en suivant des guides de randonnée qui réouvrent des chemins pour des itinéraires de rando. C'était magnifique, même si on ne l'a pas gardée pour le film. Je crois qu'on l'a mise en bonus dans le DVD. Cela fait partie de ce que j'appelle le paysage-champ de force: un paysage qui se décompose et se recompose en permanence sous le jeu des logiques sectorielles. Un paysage ni réellement cadré ou pensé donc.

Les rencontres que vous faites constituent la forêt que vous plantez, dont vous parliez précédemment ?

Oui et c'est d'ailleurs Alain Freytet qui me parle du projet d'écoquartier de Faux-la-Montagne. Quand je l'appelle pour refaire une séquence de vacation avec des élus ruraux, il n'est plus paysagiste-conseil en Haute-Vienne. Par contre, il accompagne Arban, la SCIC[17] qui porte ce projet. Arban se veut une agence d'urbanisme rural, chose qu'il est urgent de faire, vu l'état de délabrement de l'agriculture en France. Ce qui me frappe d'emblée avec le projet d'Arban, outre son exigence paysagère, architecturale et écologique, c'est son ambition démocratique : mettre tout le monde autour de la table, de façon un peu honnête et transparente, plutôt que de laisser le sujet aux PLU et autres SCOT[18] ruraux, aux élus intéressés et aux cabinets d'urbanisme avec leurs tristes copier/coller. En fait, à Faux-la-Montagne, on commence à faire en France ce qui se fait depuis vingt ans au Vorarlberg[19], de la vraie démocratie locale, avec des conseils citoyens.

17 Société coopérative d'intérêt collectif. Il s'agit d'une forme de coopérative de production de biens ou de services.

18 PLU = Plan Local d'Urbanisme ; SCOT = Schéma de COhérence Territoriale. Il s'agit des documents officiels décrivant la planification de l'urbanisme par les collectivités territoriales.

19 Région autrichienne, à la pointe sur les sujets d'écologie et de transition énergétique.

Je dis à ma société de production, Zadig, qu'il serait bien de filmer les étapes de ce projet, avant même qu'on ait des financements. Zadig prend le risque, et en sera récompensée puisque le film sera finalement coproduit par Arte, ce qui en fait mon seul film réalisé dans de bonnes conditions à ce jour – on a vraiment pu travailler et réfléchir sereinement. Je commence donc à faire des allers-retours à Faux-la-Montagne avec Sébastien Buchmann, et Mikael Kandelman au son. On tourne avec deux caméras parce que je veux à la fois qu'on voie le groupe dans son ensemble, inscrit dans son paysage, et les individus. Cela me permet aussi de filmer les plans d'écoute dans les réunions, pour pouvoir monter des champs-contrechamps. C'est tantôt moi, tantôt Camille Lotteau, qui nous collons à la deuxième caméra. Dès cet instant, il n'y a pas de différence de statut entre repérages et tournage, tout est filmé. Je ne sais jamais ce qui sera dans le film au final, c'est de la recherche-création pure ; écriture et tournage se fondent dans la même démarche itérative que sur *Le Temps des grâces*.

Comment avez-vous mené à bien cette démarche pour *La Ligne de partage des eaux* ?

Quand je commence à écrire le film, je vois plusieurs problèmes très contemporains : l'abstentionnisme ;

la disparition à vitesse grand V du foncier agricole; la question de la énième réforme territoriale – cette passion française de penser le contenant avant le contenu. Je me dis que tout cela a à voir, que ça parle de questions d'identité autant que des représentations que nous nous faisons de notre espace. Ces représentations sont plus fortes que le réel, elles l'oblitèrent. Je me dis que sans représentations justes du monde, on ne peut agir dessus et que le travail du cinéma peut justement être de produire des représentations justes, ou plus justes, ou disons simplement actualisées du monde. Pour pouvoir retrouver de la capacité à agir sur le monde. Je pars donc dans l'idée de filmer le pays tel qu'il se donne à voir, les gens tels qu'ils se parlent dans l'espace public, dans les réunions de chantier, de concertation, dans les commissions… Certes, un grand nombre de ces espaces de décisions sont impossibles à filmer – je pense notamment aux très importantes Commissions départementales d'orientations agricoles. Mais même en restant dans la partie visible du spectre, les réunions publiques, on en apprend beaucoup sur la marche du pays. À la base, tout est fait pour qu'on ne comprenne pas: qui décide quoi? Comment? C'est ce qui fait que les gens perdent de la puissance d'agir sur leur monde. On ne sait plus par où le prendre, on ne sait pas bien comment il marche, où sont les endroits stratégiques. La multitude de commissions, le rôle des préfets – dont j'ai compris en faisant ce film qu'ils ne sont pas les représentants de l'État dans les territoires, mais les représentants des notables auprès de l'État –, la collusion généralisée, la règle et la dérogation à la règle. Quand on commence à comprendre, ça fiche franchement le cafard. On pourrait dire en exagérant à peine que la seule vraie règle dans ce pays, c'est la dérogation à la règle.

Quels sont vos modèles formels pour filmer les réunions ?

J'ai des modèles du côté de la fiction, dont la série *Sur écoute*[20] que je regarde chaque fois avec sidération. D'une certaine manière, je veux faire la même chose avec mes moyens : rendre intelligible la façon dont fonctionne un territoire, les relations entre la population et les élus, la corruption, la circulation de l'argent… J'ai aussi en tête une certaine photographie américaine documentaire des années 1960 et 1970, les « *New Topographics* », Robert Adams, Lewis Baltz. Ils ont photographié ce qui

20 Série policière (*The Wire* en version originale) créée pour HBO par David Simon et Ed Burns, diffusée entre 2002 et 2008. À partir des trames criminelles qui lui servent de base, la série décrit au fil de ses cinq saisons le fonctionnement de l'ensemble des institutions de la ville américaine de Baltimore et leurs interactions.

nous est tombé dessus vingt/trente ans plus tard : la périurbanisation du monde. Et puis, il y a des textes, des phrases. J'avais mis trois citations en exergue de mon scénario : « La forme d'une ville change plus vite, hélas, que le cœur d'un mortel » (Baudelaire) ; « Nous vivons sans sentir sous nos pieds de pays » (Ossip Mandelstam[21]) ; « Ce qui naguère était le monde, tu en as fait une ville » (Rutilius Namatianus[22]). Je me demande bien où j'ai pu trouver cette dernière citation d'ailleurs – peut-être chez André Corboz[23]. Dans une autre version du scénario, je citais aussi John Brinckerhoff Jackson[24] : « Aucun groupe ne décide de créer un paysage, c'est entendu. Ce qu'il se propose, c'est de créer une communauté, et le paysage, en tant qu'il en est la manifestation visible, n'est que le sous-produit de ceux qui y travaillent et y vivent, parfois se rassemblant, parfois restant isolés, mais toujours dans la reconnaissance de leur dépendance mutuelle. » Voilà, tout est dit quant à mon propos, mon état d'esprit sur ce film.

21 Poète russe, né en 1891 et mort en 1938.

22 Poète romain du début du ve siècle.

23 Historien suisse de l'art, de l'architecture et de l'urbanisme, né en 1928 et mort en 2012.

24 Professeur d'université américain, né en 1909 et mort en 1996, géographe et historien du paysage.

Vous filmez différents types de réunions – assises autour d'une grande table ou debout en cheminant sur un territoire, avec un découpage fait de plans larges et de plans serrés.

Quand on filme le groupe qui déambule sur le site du futur écoquartier, sous une pluie battante, on fait une histoire de pionniers, du western. C'est mon modèle. On est dans du Anthony Mann ou du John Ford : d'abord un plan large qui inscrit ce petit groupe dans cet espace, cette météorologie, puis un plan serré qui isole des personnages – Alain Freytet et d'autres qu'on retrouvera ensuite. Je ne suis plus du tout dans les références du film d'entretiens à la Ophüls, je me sens plus proche du cinéma américain, notamment ce rapport qu'ont les Américains à leur territoire et à la politique. Aux États-Unis, on peut faire une série de 4 saisons sur n'importe quel patelin, leur pays les intéresse. En France, on ne s'intéresse pas à notre pays, on ne s'intéresse qu'à Paris. Ça évolue un peu, mais c'est quand même une vraie différence, la capacité des Américains à parler de leurs institutions, à se battre pour les défendre, à les analyser en permanence, à les représenter, depuis *Les Hommes du Président* d'Alan J. Pakula, sur le Watergate, qui sort un an après la démission de Nixon, jusqu'à *Dark Waters* de Todd Haynes sur l'entreprise

DuPont[25]. Faire un film similaire à *Dark Waters* sur Total, en donnant les noms des entreprises incriminées, est impossible en France. C'est une république bananière à certains égards. Le législatif est faible. Le judiciaire, menacé. Les médias sont pour la plupart veules.

Avez-vous cherché de nouvelles façons de montrer le territoire ?

J'avais vraiment envie de faire un travail cartographique qui aide à se repérer. Même s'il s'agit d'une carte très lacunaire, où il manque des morceaux comme il manque des pièces au puzzle dans la première scène du film. J'aime le côté sériel de *La Ligne de partage des eaux*, cette façon de prendre des morceaux qui, juxtaposés, vont donner une image actualisée de la France. On a testé au montage un travail sur les cartes, notamment celles du Géoportail[26], en jouant sur la multiplicité des fonds de cartes. Passer du réseau hydrographique au réseau routier, puis au cadastre,

25 Film de 2019, qui narre l'histoire vraie de l'avocat ayant dénoncé les pratiques de l'entreprise chimique DuPont à la fin du XXe siècle, dont les produits en Téflon contenaient des substances toxiques polluant les cours d'eau autour de ses sites industriels.

26 Site Web de cartographie du territoire français, mis en œuvre par l'IGN (Institut national de l'information géographique et forestière) sur la base de l'ensemble des données géographiques publiques – images satellite, plans, cadastres…

en associant travellings et fondus enchaînés. On y a passé pas mal de temps, mais on n'a pas gardé l'idée, même si ce passage permanent d'un fond de carte à l'autre symbolise bien l'esprit du film. Mais j'aime l'idée que le film tienne tout seul, sans matériaux hétérogènes à son tournage, qu'il s'agisse de musique, d'archives ou d'animations de cartes. J'essaie de faire des films qui sont comme des murs en pierre sèche, il n'y a pas de liant, pas de mortier, les blocs doivent s'équilibrer, faire mur. Il faut trouver les bonnes pierres, les tailler sommairement comme il faut et surtout les placer au bon endroit. That's it.

Comment avez-vous procédé pour trouver votre chemin dans la forêt ?

Je mettais des petits drapeaux sur Google Maps avec les situations qui m'intéressaient. Mais comme les situations éligibles étaient infinies, il fallait trouver un périmètre. Je ne me souviens plus de toutes les étapes, mais j'ai pris conscience peu à peu de l'organisation qui existe autour des rivières et des bassins versants. J'ai découvert l'existence des EPTB, des SAGE, des CLE[27]. C'est un film bourré d'acronymes, mais je l'assume, je

27 EPTB = Établissement public de bassin;
SAGE = Schéma d'aménagement et de gestion des eaux;
CLE = Commission locale de l'eau.

veux mettre les mains dans le cambouis, et je me suis dit que ces réunions seraient super pour le film. Tandis que cette notion de bassin versant prenait de plus en plus d'importance dans ma tête, j'avais un point de départ avec Freytet à Faux-la-Montagne, une idée de séquence sur la source de la Creuse, pas mal de petits drapeaux du côté de Nantes aussi. Je voyais que mes drapeaux, globalement, dessinaient un arc Limousin, Berry, Anjou, Loire-Atlantique. Je réalisais que c'était le même bassin versant – la Creuse se jette dans la Vienne et la Vienne dans la Loire. C'est comme dans *La Lettre volée*[28] : le territoire du film était là sous mes yeux et je ne le voyais pas. À ce moment-là, je n'avais pas encore toutes les situations du film, mais j'avais le fil conducteur : l'eau ! Ainsi qu'un ordre géographique cohérent, un mouvement de l'amont vers l'aval, ce qui autorise d'avoir des situations disjointes au fil de la descente. Sur ce, à l'occasion d'un colloque à l'école du paysage de Versailles, j'ai rencontré Guillaume Douaud, un éleveur étonnant installé sur l'estuaire de la Loire. Il m'a raconté l'histoire de son exploitation : il est en bio, il travaille

28 Nouvelle d'Edgar Allan Poe parue en 1844, où l'on apprend dans le dénouement qu'une lettre volée et cherchée par tous n'avait en réalité jamais été cachée, mais laissée en évidence par le coupable d'une manière n'attirant pas l'attention.

avec le conservatoire du littoral, la LPO (Ligue pour la protection des oiseaux), les bobos de Nantes, il fait de l'extensif, ses vaches pâturent des prairies inondables. C'était la pièce manquante du puzzle. Je n'en revenais pas du coup de bol !

Vous dérushez en même temps que vous tournez, de façon à poursuivre l'écriture du film ?

Oui, en dérushant je m'aperçois que les entretiens permettent de lisser les choses, de rendre le film plus intelligible qu'avec uniquement des scènes de réunions. Et en même temps, je ne veux pas réduire la place accordée aux réunions. Il y avait donc une tension permanente entre une forme pure qui serait le film de réunions, et l'acceptation progressive d'une impureté, l'entretien. Le film doit se redéfinir autour de ce nouvel équilibre. On en discute beaucoup avec Sébastien : la séquence avec Alain Freytet au volant de sa voiture, est-ce de l'entretien ? Sébastien me dit que l'important est de voir si c'est perçu comme tel. Si on est avec quelqu'un à un bureau ou dehors en mouvement, le ressenti n'est pas le même. Ce sont des questions de cinéma. On joue avec la limite, je me retrouve à donner des consignes un peu bizarres à Alain Freytet : « On va te filmer dans ta voiture, je ne vais pas te poser de questions, tu vas faire quelque chose de pas naturel – mais parfois ce qui n'est pas naturel est juste dans un film – et tu vas te parler à voix haute, dire les pensées que t'évoque le paysage que nous traversons. » Il comprend la consigne, il parle sans s'arrêter.

Mais la tension entretien/réunion a donné quelques accrocs, notamment à la fin du film, avec Guillaume Douaud. Je l'interviewe avec une femme qui travaille à la chambre d'agriculture de Loire-Atlantique. Mon idée était de les faire dialoguer, comme c'était le cas dans la réalité, mais une fois face à la caméra, elle s'efface et Guillaume prend toute la place. Je me retrouve avec des rushes où l'on voit cette femme sans comprendre qui elle est, car elle ne dit presque rien. Je garde quand même la séquence, parce qu'elle est indispensable au film, parce que Guillaume et sa ferme sont devenus indispensables au film. La forme entretien est simple et claire, la forme réunion est simple et claire, mais mettre en scène un dialogue est plus délicat. Je n'ai jamais obtenu quelque chose de satisfaisant en faisant cela.

Nul homme n'est une île (2017)

Avec ce film, vous tournez pour la première fois en dehors de la France.

Je sors de *La Ligne de partage des eaux* assez déprimé sur ce que j'ai compris du pays. Je me dis qu'en France, on n'y arrivera pas, que ça ne peut pas marcher avec notre culture politique, avec cette organisation si verticale, l'opacité des décisions, la méfiance des élus à l'égard de la démocratie. C'est notre grand impensé : en France, on n'aime pas trop la démocratie. Je propose alors à Zadig un projet de collection documentaire pour la télévision. Un projet un peu rossellinien, *Territoires,* qui parle d'enjeux écologiques et démocratiques, des questions de gouvernance et d'écologie, en se focalisant sur le territoire. L'idée est de comparer le territoire français avec d'autres territoires européens. J'écris des synopsis pour les premiers épisodes : un épisode qui compare le plateau de Millevaches et le Vorarlberg, un autre sur Munich, qui m'intéresse pour la politique agricole qu'elle a mise en place, politique rationnelle, logique, simple, cohérente et qui semble sidérante depuis la France. Ils ont tout simplement converti l'ensemble de l'agriculture de leur bassin versant à la bio. Ils ont pris une calculatrice: combien ça coûte de dépolluer l'eau et combien ça coûte de financer la transition vers la bio. C'est moins cher de passer en bio, donc on passe en bio. Basta! Et maintenant là-bas on se baigne dans les rivières et on boit l'eau du robinet. C'est ce qu'on devrait faire partout sur Terre. Ça s'appelle l'intérêt général, cette notion que l'État en France semble avoir oubliée, trop soucieux qu'il est de la bonne santé de « nos champions nationaux », en l'occurrence les géants du traitement et de la distribution des eaux. Pour l'État, ce qui est bon pour le CAC 40 est bon pour les Français. Ce qui est faux, tout le monde le sait.

Munich me semblait un exemple particulièrement intéressant, car ce n'est pas une ZAD, mais une des villes les plus riches d'Europe. Pourtant, à un moment donné, elle pense à ses habitants. Il se trouve aussi que Munich est une ville de brasseurs et qu'il faut de l'eau propre pour faire de la bière. Il y a donc un intérêt économique à avoir une eau de qualité. L'Allemagne défend ses industriels avec le même acharnement que la France, mais la différence est que les Länder ou les grandes villes ont plus de latitude pour penser et mettre en œuvre des politiques différentes. Et c'était aussi ce que la série voulait travailler, l'organisation politique sous ses différentes formes : fédéralisme, centralisme, localisme… Je voulais mettre ces questions en débat.

J'avais imaginé que tous les films de la collection auraient un générique commun : un long panoramique sur la fresque *Allégorie et effets du Bon et du Mauvais Gouvernement* de Lorenzetti à Sienne[29]. Dans les territoires que j'avais identifiés, il y avait le plateau des Millevaches, le Vorarlberg, un petit village du canton suisse des Grisons qui s'appelle Vrin, la ville de Munich, l'estuaire de la Loire, une coopérative agricole en Sicile qui s'appelle les Galline Felici, et un groupe d'intellectuels, nommés les territorialistes, des géographes italiens travaillant sur les questions de territoire. Lorsque je comprends que la série ne se fera pas, je décide de partir sur un film, et ce qui disparaît c'est la partie française. Au lieu d'une démarche comparativiste, la France devient le hors-champ du film, qui se concentre sur la dimension européenne, selon un axe nord/sud qui regroupe monde germanique et monde latin. Je vois se dessiner, à la fois dans l'histoire et dans l'espace, un territoire qui questionne la France dans son organisation et son histoire : celui du Saint Empire

29 Peinte en 1338 et 1339, cette fresque orne les murs du Palazzo Pubblico de la ville de Sienne.

romain germanique, que nous Français ignorons avec superbe, pour autant que l'ignorance puisse avoir de la superbe. Disons que c'est notre privilège.

C'est la raison pour laquelle vous avez changé de titre en cours de projet ?

Le premier titre du film est *Nouvelles de l'Empire*, dans le sens de prendre des nouvelles de quelque chose ou de quelqu'un. Je veux me servir de cet espace européen, sa géographie, son histoire, ses cultures politiques pour penser par contraste notre spécificité française, avec cette si longue continuité de l'État. Mais les Français ne savent pas ce que c'est, le Saint Empire. 1000 ans d'histoire européenne pourtant, une histoire d'interactions complexes, profondes, fécondes entre le nord et le sud des Alpes. Les Guelfes et les Gibelins[30], le communalisme italien... En s'axant du nord au aud, on s'aperçoit qu'entre Sienne et Munich il y a la même distance qu'entre Paris et Lyon. Les Alpes ne sont pas une barrière, mais un passage, avec des cols. En France, quand on dit « Empire », les gens pensent à Napoléon ou

30 Factions des cités-États italiennes soutenant respectivement le pape et l'empereur du Saint Empire romain, entre le XIIe et le XVe siècle.

à *Star Wars*. Ou à Toni Negri pour ceux d'Attac[31]. Mais pas à Frédéric II[32]. Je décide donc de changer de titre, en ressortant de derrière les fagots cette magnifique citation de l'Anglais John Donne: « No man is an island, entire or itself/everyman is a piece of the continent, a part of the main[33]. » Et c'est bien mieux ainsi.

À quel moment mettez-vous de côté Munich et les territorialistes?

Je me rends compte à l'écriture que Munich me mène trop loin en termes de durée. Je me dis aussi que ça a du sens de rester dans des espaces ruraux, d'interroger la gouvernance depuis la ruralité – ou plutôt dans une sorte de périurbain généralisé. Le film est clair sur ce point, en faisant de grands panoramiques sur la vallée du Rhin ou en montrant l'urbanisation autour de Catane. Je ne filme pas l'Arcadie. Le Bregenzerwald[34]

31 *Empire* est le titre d'un essai écrit par le philosophe italien Toni Negri (2000, éditions Exils), qui a fortement inspiré la pensée des mouvements altermondialistes dont Attac.

32 Empereur du Saint Empire de 1215 à 1250.

33 « Nul homme n'est une île, un tout, complet en soi; tout homme est un fragment du continent, une partie de l'ensemble. » Extrait de *Devotions upon Emergent Occasions*, poème en prose publié en 1624 par John Donne (1572-1631).

34 Partie du Vorarlberg.

n'est pas un paradis. C'est juste un des lieux du bon gouvernement. Quant aux territorialistes, jusqu'à la dernière version du scénario, j'imagine leur présence dans le film, avec une séquence en Toscane. Je voulais filmer leurs pratiques, notamment ces cartes collaboratives qu'ils font avec les habitants, qu'ils appellent des « cartes de communauté ». Cela me ramène au thème de la démocratie participative, comme sur le plateau de Millevaches : quelles sont les ressources, les potentialités du territoire ? Et à la possibilité de croiser les regards, les expériences des lieux. Finalement je n'arrive pas à organiser le tournage avec Alberto Magnaghi, le fondateur des territorialistes. On se rencontre, mais on a des problèmes d'agenda.

Quelle connaissance aviez-vous des lieux et des personnes avant le tournage ?

On m'avait parlé de Gion Caminada, « cet architecte suisse qui ne construit que des granges » et lorsque *Le Temps des grâces* a été présenté au festival de Locarno, j'ai fait le crochet par Vrin, son village. Ce village m'a beaucoup marqué, avec une architecture contemporaine fondue dans le paysage, très belle. J'ai connu le Vorarlberg par un livre emprunté à la bibliothèque, *L'Architecture écologique du Vorarlberg* de

Dominique Gauzin-Müller. Quant aux Galline Felici, c'est une coopérative italienne avec laquelle nous travaillions lorsque j'habitais à Bagnolet, nous leur achetions des agrumes. Un de mes amis qui était allé les voir était revenu totalement exalté, sur les questions de gouvernance notamment. Les Galline ont un projet non seulement agricole, mais aussi politique, social et de paysage. J'ai fait aussi un long travail de recherche sur les cartes, sur l'histoire, sur la fresque. Suite à mon intérêt pour les Galline Felici, je me suis replongé dans l'histoire médiévale de la Sicile – c'était ce sur quoi je travaillais lorsque j'étais à la Villa Médicis. J'ai refait l'itinéraire de Frédéric II, de Palerme jusqu'au lac de Constance où il est sacré empereur, pour en faire l'itinéraire du film : on passe par les mêmes cols, aux confins du Haut-Adige, du Tyrol et des Grisons. Et j'ai lu, Ernst Kantorowicz, Ulrich Beck, je me suis intéressé à une certaine forme d'anarchisme et au fédéralisme.

Comment s'effectuent les repérages ?

Je suis seul pour les repérages italiens, et accompagné de Christine Seghezzi pour les repérages en Autriche et en Suisse parce que je ne parle pas allemand. C'est une réalisatrice de documentaires originaire du Lichtenstein, en plein cœur du territoire du film, qui connaît bien les problématiques architecturales du film. Elle a été essentielle à la bonne réalisation de ce film. Pendant les repérages, on fait un travail de recensement des personnes potentiellement intéressantes. Je savais qu'il y aurait le « Bureau des questions du futur », une structure directement rattachée au ministre-président du Vorarlberg, c'était incontournable. J'avais aussi identifié quelques maires, quelques architectes et quelques artisans. On reste quatre jours, on fait des photos, quelques plans pour illustrer le scénario. On rencontre les gens, je vois comment ils réagissent au projet. On refait un voyage avec Christine peu avant le tournage. Caminada ne répondait jamais, ni aux mails ni aux coups de fil. Il a fallu aller là-bas, le coincer dans un salon de thé à Vrin, le regarder faire des dessins incompréhensibles pendant une heure, et puis à un moment, il a dit « tope-là ». J'étais rassuré, je n'imaginais pas le film sans Gion.

Dans *Le Temps des grâces*, j'ai poussé beaucoup de portes, mais de film en film, je filme moins de monde parce que j'évalue beaucoup mieux ce que les gens vont apporter au film. Je ne cherche plus seulement une parole, mais quelqu'un en entier. On sent ceux qui sont prêts à donner quelque chose de leur personne. Je crois que le cinéma documentaire est largement basé sur le don.

Vous cherchez une incarnation.

Je cherche des compagnons de route. Je rencontre des architectes super dans le Vorarlberg, mais je sens que c'est ce menuisier un peu provocateur, Markus Faisst, que j'ai envie d'avoir dans le film, avec ses manières de pasteur en chaire. Je lui raconte mon voyage en Sicile, les Galline, la fresque de Sienne. Il écoute. Il me dit : « Je ne veux pas participer à un énième film à la gloire du Vorarlberg, mais tes Siciliens, oui, je veux bien être dans le même film qu'eux, ça, ça m'intéresse. » Et sur ce, il me dit qu'il part le lendemain à Sienne avec des amis, et qu'il ne connaissait pas cette fresque du bon gouvernement, mais que, pour sûr, il ira la voir. C'est un moment important pour moi : ces repérages et ces rencontres me permettent de tester le film. Car à vrai dire, je force quelque chose, le film a une dimension performative, il crée un espace, un lieu, qui ne lui préexiste pas. Mon idée de mettre en relation ces différentes communautés doit être désirée aussi par les protagonistes.

Certains comprennent cela très vite. Markus, en me disant qu'il veut bien participer au film à cause de cette coopérative italienne et du titre de la fresque, conforte mon idée d'un horizon commun partagé, malgré les différences innombrables, entre des agriculteurs de Sicile vivant au milieu d'un désastre politique et environnemental et cette opulente région autrichienne. Les gens du Vorarlberg ont beaucoup en commun avec les Galline : une méfiance vis-à-vis de l'État, l'importance du projet local, pour reprendre le titre du livre d'Alberto Magnaghi. Au Vorarlberg, l'échelle communale est très importante. En gros, pour eux, il y a d'une part la commune et de l'autre « die weite Welt », le vaste monde, comme le dit Caminada. Entre les deux, il n'y a rien. Et quand on est face à des gens qui pensent la politique comme ça… ça décoiffe. On est bien loin de nos petites histoires franco-françaises de réformes territoriales et de fusion de communautés de communes. Les Siciliens comme les Voralbergeois sont surpris de mes questions parfois. « Il faut vraiment être français pour poser ce genre de questions » : je l'ai entendu en Sicile comme au Bureau des questions du futur. Ils sont à mille lieues des questions d'architecture institutionnelle : ils ont un projet d'abord, puis ils voient comment le mettre en place, et avec qui. Que ce soit à deux communes ou à cinquante, ça dépend du projet. Le contenant s'adapte au contenu. C'est un pragmatisme politique qui frappe de plein fouet notre rationalisme politique.

Les habitants du Vorarlberg pensent et travaillent à des échelles de bassins versants. Ils montent des projets avec la Bavière, avec l'Italie, avec la Suisse. Ils sont dans l'interface. La question de la Nation n'est pas pertinente pour eux. Il y a une défiance à l'égard des leaders. On le voit dans les lieux publics, l'importance de la table où l'on se réunit et où on délibère. Ils recréent une sorte de communalisme, au niveau rural. Cela me marque, car je m'intéresse en même temps au communalisme du nord de l'Italie avec la fresque de Sienne, qui est concomitante de l'Empire – car l'Empire n'est pas un État, c'est un gros bazar, avec tout un tas de régimes politiques qui coexistent. Je traque tous les signes, dans mon périmètre, qui pourraient nous parler aujourd'hui du rapport entre le local et une échelle européenne. En essayant d'activer des modèles pas du tout actifs en France.

Vous évoquez dans des régions très différentes des modes de gouvernance similaires.

Les délibérations chez les Galline Felici et dans le Vorarlberg se ressemblent : chaque personne a une voix, ils ne votent pas, mais débattent jusqu'à trouver un consensus. En Sicile, l'aventure collective a remis du sens dans leur vie. L'outil coopératif donne les moyens d'agir à nouveau sur le cadre de nos existences. On refaçonne les paysages agricoles, la campagne vient au secours des gamins déshérités des grandes villes via les actions sociales des Galline, notamment pour les jeunes du quartier de Librino à Catane.

Vous rentrez écrire, puis vous repartez pour le tournage : comment s'organise-t-il ?

Nous allons à quatre en Sicile, avec Sébastien Buchmann à l'image. Un peu plus tard, c'est avec Claire Mathon que je vais filmer la fresque à Sienne. On avait commencé à travailler ensemble sur *La Ligne de partage des eaux*. Claire fait aussi la Suisse et l'Autriche. On est cinq sur cette partie du tournage, il y a aussi Camille Lotteau et Christine Seghezzi. On remonte en voiture vers les Alpes, on fait des plans sur la route. Des cols, des rivières et des nuages.

Vous choisissez le cadre et la façon de filmer au préalable, ou de façon plus instinctive ?

Faire du cinéma documentaire, c'est faire un cinéma où on écrit tout le temps. En parlant avec chacun, je vois le mouvement de la scène. Quand Antonio Grimaldi, des Galline Felici, me parle des lieux, de la plateforme logistique qui a poussé en face de chez lui, cela n'a pas de sens de le filmer assis à une table.

Les personnes interviewées participent à la mise en scène, d'une certaine manière ?

Voilà. À l'inverse de Grimaldi, Manfred Hellrigl, du Bureau des questions du futur, je n'ai aucune raison de ne pas le filmer derrière son bureau. En fait, ce que j'ai envie de montrer, c'est précisément son bureau – il est quelconque, il n'y a rien à montrer d'autre que les flèches qu'il dessine sur un tableau et ses trois feutres de couleur.

Même si souvent on doit faire vite, je tente des choses différentes pour avoir des possibilités au montage. Pour mon dernier film, *La Rivière*, j'ai fait différemment : j'ai demandé au chef opérateur, Martin Roux, de ralentir le tournage autant que possible, de me forcer à prendre le temps de chercher la meilleure place, d'alourdir un peu le dispositif en quelque sorte. Il a voulu qu'on emmène un praticable par exemple, pour filmer en hauteur [35]. Ça prend un peu de temps pour l'installer – je rappelle qu'on est une équipe de cinq personnes –, mais au final, je suis ravi d'avoir fait poireauter untel ou untel le temps qu'on l'installe, car ça change tout de filmer la rivière depuis un peu plus haut. J'ai demandé à Martin de faire des rushes qui m'en imposent, dans les deux sens du

35 Un praticable est un échafaudage permettant de disposer la caméra en hauteur.

terme : à la fois qui impressionnent, qui claquent, et qui me posent des contraintes.

Les cartes fonctionnent parfaitement dans *Nul homme n'est une île.*

Comme je le disais, pour *La Ligne de partage des eaux*, j'ai beaucoup travaillé sur les cartes du Géoportail ou de Google. En entendant Grimaldi me parler de la rapidité avec laquelle les constructions ont mangé ses terres agricoles, ce travail me revient en tête. Donc je mets Antonio devant Google Maps, et je n'ai plus qu'à le filmer. « Tout a tellement changé que je préfère ne plus y aller. *Preferisco di non andarci piu.* » C'est merveilleux la langue d'Antonio Grimaldi. Roberto Li Calzi est là aussi, derrière son épaule, silencieux (lui qui parle tant en général), ému je crois par ce que ces images satellite racontent. Je ne suis pas sûr que la fiction puisse réussir des moments pareils. Alors que je n'étais pas parvenu à les faire dialoguer, les voir ensemble penchés sur l'ordinateur à regarder l'écran avec sidération participe aussi de la beauté de cette séquence. C'est leur histoire commune, mais ils n'avaient jamais fait cette expérience de regarder sur Google Maps la transformation de leur territoire.

Pendant que vous discutez avec les protagonistes, c'est au chef-opérateur de se déplacer de façon à saisir une incarnation du dialogue, de la situation ?

C'est un peu rock'n'roll, c'est sûr. Comme je suis pris par la relation, la conversation, je dois déléguer le cadre, faire confiance au chef op pour s'ajuster. Tout en filmant les passages obligés dont on a parlé auparavant : la plateforme logistique, le magasin Lidl… Dans le cinéma documentaire, on compense le caractère accidenté des rushes par la quantité. On tourne beaucoup, ce qui offre des combinaisons inédites. C'est pourquoi le montage est un nouveau moment d'écriture. Frederick Wiseman [36] dit que la seule différence entre le documentaire et la fiction, c'est que dans le premier cas on écrit le scénario après le tournage. Le premier dérushage est souvent décevant, on remarque toutes nos erreurs. Dans le second, on n'est plus dans la déploration de ce qui manque, mais dans la vraie découverte de ce qu'on a. Là, on reformule le projet : il ne devient pas tout autre, mais on part d'une nouvelle réalité, qui n'est plus le film rêvé, mais le film tourné.

36 Né en 1930, Frederick Wiseman est l'un des plus grands réalisateurs de documentaires en activité. Il a plus de quarante longs-métrages à son actif, pour la plupart consacrés à des institutions publiques américaines, de ses débuts en 1967 (*Titicut Follies*) à son dernier en date, *City Hall* (2020). Voir *Frederick Wiseman, à l'écoute* de Laura Fredducci, Quentin Mével et Séverine Rocaboy (Playlist Society, 2017).

Il y a une grande variété de situations chez les Galline Felici.

Antonio explique le paysage, la géographie. Roberto explique l'historique de la coopérative – il est dans son champ et fait la cueillette. C'est la première séquence qu'on tourne, je ne suis pas tout à fait à mon aise. On vient d'arriver, on cherche encore nos marques, et je vois que la caméra l'intimide, il me demande ce que je souhaite qu'il fasse. Ça me gêne, je ne veux pas faire de la direction d'acteur. Par contre l'autre séquence que je fais avec lui, au bord de l'autoroute, est géniale. C'est fluide, cohérent, parce qu'on s'appuie sur le paysage et tout vient naturellement : l'histoire, la politique, la prospective, les réflexions sur la gouvernance, sur l'écologie. Tout vient à partir de la description du lieu. Il est complètement à son aise. Dans la première séquence, dans son potager, le montage est douloureux, on travaille beaucoup à masquer les défauts. Alors que la séquence de l'autoroute, au contraire, j'ai quasiment tout gardé.

La première séquence du film évoque l'idée de gouvernance, à travers la fresque *Allégorie et les effets du Bon et du Mauvais Gouvernement*. Cette séquence résonne avec toutes les séquences du film, et même avec votre film suivant.

Comme je l'évoquais, initialement je souhaitais que cette fresque soit le générique de mon projet de série documentaire. Elle est devenue le sujet d'une séquence à part entière dans le film, et j'ai alors cherché quelqu'un pour nous l'expliquer. Des milliers de livres ont été écrits sur cette œuvre, mais je ne voulais pas d'une parole qui actualise trop la fresque, qui la fasse trop parler avec nos mots d'aujourd'hui – ce travail d'actualisation, c'était au film dans son ensemble de le faire. Je voulais une parole très précise, qui s'appuie sur des détails de la fresque et qui parle vraiment du Moyen Âge. Chiara Frugoni est une médiéviste, elle a été une des premières à utiliser les peintures comme des sources historiographiques.

Pour le tournage, on tombe sur un problème : la salle de la fresque est ouverte au public tous les jours de l'année. On ne peut filmer que deux fois deux heures, entre 7 heures et 9 heures du matin, avant l'ouverture. D'autre part, nous n'avons ni le temps ni l'argent pour monter des échafaudages – et la fresque est très haute. Donc on ne peut pas faire de travelling. La seule solution est de la photographier, ce que nous faisons avec beaucoup de rigueur, grâce au plus haut escabeau qu'on a pu trouver en Toscane. Jean-Christophe Hym recolle toutes les photos dans Photoshop, puis on travaille cette séquence dans After Effects [37] pendant des semaines et des semaines, en recréant des travellings numériques. On teste différentes vitesses pour retrouver l'inertie d'un travelling qui serait fait avec un chariot – je voulais que l'on sente la poussée et la retenue du chariot, pas une vitesse homogène et plate. On travaille aussi les lenteurs, de façon à ce qu'on ait le temps de regarder la fresque. Straub et Huillet [38] racontent que quelqu'un leur avait dit que le plan de carte au début de *Lothringen !* (1994) était trop long, ce à quoi Straub avait répondu que si le plan avait été plus court, on n'aurait pas eu le temps de lire la carte. Il faut mettre le temps qu'il faut pour voir. Si on ne veut pas donner ce temps, alors il ne faut pas montrer la carte. J'ai décidé ce que je voulais que l'on voie, et j'y ai mis le temps nécessaire. Évidemment, c'est une tradition qui s'oppose au cinéma *mainstream* d'aujourd'hui où le but est surtout de ne pas nous laisser le temps de voir. C'est un

37 Logiciel de montage vidéo et de réalisation d'effets spéciaux.

38 Jean-Marie Straub (1933-2022) et Danielle Huillet (1936-2006) étaient un couple de réalisateurs français de documentaires.

cinéma de prestidigitateur, qui donne des bons films aussi parfois, mais ce n'est pas à moi de faire ça.

La fresque est filmée comme un paysage.
On suit un chemin, puis un ruisseau,
on découvre un arbre, puis des personnages…
comme dans les premiers plans de *La Rivière*.

Exactement. Et elle est filmée différemment au début et à la fin du film. Au début, on est dans le paysage, et à la fin, on est plutôt dans l'humain. On refait le chemin inverse, mais en suivant les visages. J'espère que c'est le trajet du film. Je pensais à *Au travers des oliviers* d'Abbas Kiarostami[39], avec ces travellings sur les visages des jeunes femmes, puis cette façon qu'il a d'en isoler un. De choisir.

À la fin de la séquence d'ouverture,
vous filmez l'allégorie du mauvais gouvernement,
dominé par la recherche du profit et la violence.

Oui, et le raccord se fait naturellement avec les paysages dévastés de la Sicile, envahis par les aéroports,

39 Abbas Kiarostami (1940-2016) est un des plus grands cinéastes iraniens de l'histoire. *Au travers des oliviers* (1994) marquait sa première sélection en compétition au Festival de Cannes, dont il remportera la Palme d'or avec *Le Goût de la cerise* (1997).

les autoroutes, les aires logistiques et les centres commerciaux. C'est une façon d'actualiser par le montage les enjeux de la fresque. Nous avons basculé du côté du mauvais gouvernement.

La Rivière (2023)

Après trois films documentaires, vous avez travaillé à l'écriture d'une fiction. Comment avez-vous finalement bifurqué vers un nouveau film documentaire ?

La Rivière est issu de l'écriture de cette fiction : une histoire de couple, mais aussi une histoire de paysages où le rapport ville/campagne est structurant. C'est un film qui observe une génération hantée par des questions telles que : « Où vivre ? Comment vivre ? » Il se trouve que la campagne de ce film est le Béarn, et les rivières béarnaises, les fameux gaves, y jouent un rôle essentiel. Le personnage principal féminin est une spécialiste de la rivière et des saumons. Donc je suis en train d'écrire « Simon rencontre Adèle à la campagne, elle est technicienne de rivière » et, ce faisant, j'en apprends plus sur les aquifères, les frayères, et plein de trucs techniques fascinants, les moulins, l'hydro-électricité. Ça me donne l'envie irrépressible d'un film documentaire sur ces rivières, dont le gave d'Oloron est l'emblème. C'est une rivière où beaucoup d'enjeux se concentrent : écologiques, agricoles, énergétiques. De plus, elle est magnifique, parcourue encore par des poissons migrateurs alors que la plupart des rivières françaises meurent dans une indifférence générale choquante. Je me dis alors : ce n'est pas possible, cette rivière est si belle, je dois faire un documentaire sur elle, et je vais le faire vite, car je voudrais quand même tourner également ma fiction.

J'ai commencé à filmer les rivières avec *La Ligne de partage des eaux* et, depuis, je ne cesse de les filmer, comme objet paysager d'abord, puis comme objet politique. Je me suis de plus en plus intéressé à ce qui se passe dedans, dans l'eau : les poissons, les insectes, leur circulation, leur habitat. Pourquoi les poissons se reproduisaient-ils à Sauveterre et pourquoi maintenant leur faut-il remonter 50 km plus haut, à Oloron ? Qu'est-ce qui a changé ? Les rivières me fascinent, leur cheminement un peu secret, leurs connexions avec les nappes, les mystères qui entourent leurs sources, les résurgences, le fait qu'elles soient parfois cachées, comme le gave d'Oloron, profondément incisé et invisible depuis les champs qui le bordent.

Le titre du film s'est-il imposé à vous de manière évidente ?

J'ai d'abord appelé le film *La Ligne claire,* avec cette idée de la rivière comme ligne de sens, qui rendrait tout intelligible : le jeu d'acteurs, l'aménagement du territoire, la biodiversité et les flux hydriques. Puis je me suis aperçu que ce n'était pas du tout une ligne, et que ce qu'elle racontait était tout sauf clair ! J'ai donc renoncé progressivement à l'idée d'intelligibilité, pour au contraire en arriver à souhaiter que, à la fin du film, le spectateur ne sache plus trop ce qu'est la rivière. Alors j'aurais réussi mon affaire, me disais-je. C'est donc très sciemment que j'ai construit un film lacunaire et méandreux, que j'ai refusé la logique amont/aval, et que j'ai même filmé plusieurs rivières comme s'il s'agissait toujours de la même, car pour moi, plus que la rivière, c'est la notion de bassin versant qui compte, qu'il nous faut mieux comprendre, intérioriser. Le film est une contribution à une déconstruction de la catégorie « rivière ». Il montre qu'elle n'est que la partie visible du réseau hydrographique, une partie d'un tout qui nous échappe, d'un réseau qui se poursuit souterrainement et, pourquoi pas, dans l'atmosphère.

Un autre titre a suivi : *Paysage invisible.* Ce que j'appelle aussi l'infra-paysage, cette partie du spectre que nous ne sommes pas outillés pour voir. C'est le paysage de la biodiversité, celui dont on comprend chaque jour un peu mieux qu'on ne pourra rien refonder qui ne se fonde sur lui. En somme, pas de paysage projet qui ne se fonde sur le paysage invisible !

C'est pourquoi vous filmez notamment le scientifique qui peut voir les paysages marins dans l'oreille interne des saumons ?

Oui, c'est là un cas exemplaire d'outillage pour voir mieux, ou plus. La science nous permet de voir l'invisible, découvrant le journal de bord du saumon caché dans son oreille interne. Dans cette séquence, j'ai l'impression qu'on touche à la nature foncièrement pliée du monde : une rivière cachée dans les plis du paysage, un poisson tapi dans les plis de la rivière, et cet otolithe[40] caché dans les plis de sa cervelle, dans lequel on peut lire ses pérégrinations dans de grands paysages pyrénéens et jusqu'au Groenland.

Dès la première séquence, cette question du visible et de l'invisible est posée d'emblée. Vous filmez un paysage, puis au détour d'un plan, on découvre une présence

40 Concrétion minérale trouvée dans le vestibule de l'oreille interne des vertébrés.

**humaine – qui semble être un détail dans le plan.
On comprend que cette personne recherche des déchets microscopiques, invisibles à notre regard, mais qui sont en fait les plus polluants.**

Oui, la séquence des micro-plastiques s'inscrit dans cette question de l'infra-paysage et des outils dont nous avons besoin pour le représenter. Des outils sophistiqués tels que le laser ou le spectromètre de masse du CNRS font partie de la panoplie, mais les inventaires permettent aussi de rendre compte de ce qui échappe à notre perception immédiate. L'inventaire est une pratique qui permet de rendre compte de l'état du monde à un moment donné, mais surtout de son évolution. Les inventaires n'ont de sens que reconduits. On a donc des outils directs comme la pêche ou le laboratoire, et des outils indirects comme les inventaires qui nous permettent de montrer les évolutions. Ce ramassage de plastiques est conçu comme un inventaire scientifique : tout y est noté, pesé, classé, daté.

Le cinéma aussi permet de rendre visible l'invisible.

Bien sûr. La caméra est un outil pour voir. Et dans ce cas particulier, un outil pour concentrer l'attention. *La Rivière* est un film attentif à l'attention. Un film qui regarde des gens qui regardent. On peut le voir aussi comme un inventaire d'inventaires. Le choix du format 1,37:1[41] est pris dans cette logique : resserrer le cadre.

Vous jouez avec ce que l'on voit, ce que l'on cherche, jusqu'à attirer notre attention sur ce qui se dérobe à notre regard dans le plan.

Il ne suffit pas de voir l'infra-paysage à un instant donné, mais aussi dans les tendances lourdes de son changement. C'est un point capital. Les scientifiques parlent du *shifting baseline syndrome*, du glissement du point de référence. Lorsque l'on veut évaluer l'état d'un milieu, on le compare à un point de référence. Mais ce point de référence glisse sans cesse. En fait, on compare l'existant avec des états antérieurs proches qui nous empêchent de prendre la mesure des dynamiques profondes. C'est pourquoi il faut créer des bases de données qui nous permettent de connaître, par exemple, l'état des stocks halieutiques au XIXe siècle. C'est uniquement ainsi qu'on peut connaître la tendance réelle. Le film est hanté par la question du point de référence. Parce que sans point

41 Le format d'image est le rapport entre la largeur et la hauteur de l'image projetée sur l'écran. Le format 1,37:1, soit un ratio proche de 4/3, crée une image plus resserrée que des formats larges (16/9, 1,85:1 voire 2,35:1).

de référence, on ne sait pas ce qu'on perd. Et donc on ne se donne pas les moyens de sauver ce qui peut l'être. Les politiques publiques ont tendance à évacuer la dimension temporelle et être dans une conception purement spatiale, couplée à une pure logique de compensation : on détruit une zone humide ici, on va en créer une autre ailleurs. Mais cette compensation est très loin de suffire.

Est-ce au tournage que s'élabore la mise en scène ?

Lorsqu'on a les bons personnages, inscrits dans la bonne situation, mettre en scène consiste à filmer les choses de la manière la plus claire possible, c'est tout. Ensuite, ce sont des histoires d'écriture, donc de montage. Que met-on en relation ? Et dans quel ordre ? Par exemple, dans le cas de Patrick Nuques, le responsable du Parc national des Pyrénées, une fois que je lui ai dit que je voulais le filmer dans les paysages évanouis de son enfance, c'est lui qui guide la mise en scène. Parce que ces rivières, c'est sa vie, c'est lui qui maîtrise le mieux la situation. Il choisit les lieux, on n'a plus qu'à le suivre. Et puis, des choses surviennent au tournage, que l'on n'avait pas imaginées. Je ne savais pas que Patrick allait traverser le gave. On était en train de filmer la rivière quand Mikaël Kandelman, l'ingénieur du son, nous fait signe. Dans son casque, il entend Patrick parler tout seul dans son micro HF, et il nous alerte de ce qu'il se passe et que l'on n'était pas loin de rater. Ça tient parfois à ça !

Pour la séquence avec les étudiants dans le refuge, rien de ce que j'avais imaginé n'a eu lieu. On pensait avoir chauffage et électricité, et que les enseignants et les étudiants auraient des discussions sans fin. Mais l'ascension sous une pluie battante a été éprouvante et on arrive épuisés dans un refuge en hivernage, sans lumière ni chauffage. Personne n'a envie de parler, d'être filmé. On ne pense qu'à faire sécher nos chaussettes. On a failli redescendre sans rien dans la boîte. C'est Camille Lotteau qui sauve la séquence. Il voit l'opportunité à saisir dans le fait qu'une des étudiantes, Emma, ne peut pas monter au glacier à cause d'une légère entorse. Il lui parle, elle est d'accord pour faire un entretien. Et là, il faut décider très vite : suivre les étudiants jusqu'au glacier ou y renoncer pour filmer Emma ? Martin Roux, le chef opérateur, et Camille poussent dans le sens de l'interview, car on n'a pas la parole que j'étais venu chercher ici. À ce moment, je m'en remets complètement à leur discernement et je m'en félicite, car le film ne serait pas ce qu'il est sans la présence d'Emma.

Le film essaie d'opérer une jonction entre différents acteurs du combat écologiste, en permettant à toutes ces d'apparaître ensemble, et de former une pensée. Elles font preuve d'une grande intelligence, d'une incroyable connaissance du terrain et pourtant, en plus de n'être pas écoutées, elles ne se connaissent même pas les unes les autres.

Mes films précédents avaient le désir de faire forum, je pensais qu'on pouvait encore trouver des points de convergence entre tous les acteurs, comme si je croyais encore à la possibilité du triomphe de la raison. Mais avec ce film, il y a un changement. Je crois que je choisis plus nettement mon camp : celui des défenseurs et amoureux de la nature. À ce titre, le film est clairement du côté du minoritaire. La même chose se passe avec les paysages : je ne filme plus ceux qui sont majoritaires, globalement monotones et décevants – les champs de maïs, les autoroutes, les zones pavillonnaires –, je descends dans la rivière, dans ce qui est rare et beau. Je vais vers ce qu'il reste de beauté. Je filme la beauté dans son « être minoritaire ». Les personnes que je filme sont également minoritaires. Elles sont maltraitées, conspuées. Le Président de la République les moque en les traitant d'« amishs », le ministre de l'Intérieur et tant d'autres, d'éco-terroristes. Et s'il ne s'agissait que d'eux ! Nombre de grands médias font preuve d'une ignorance crasse et d'une méchanceté écœurante sur tout ce qui a trait à la défense de l'environnement. On est face à un rouleau compresseur qui est le produit de la collusion des forces administratives et des grands intérêts économiques : c'est une machine qui marche d'autant mieux qu'elle est mal comprise des citoyens. Les militants en revanche – ou plutôt tous les acteurs qui œuvrent à la connaissance et la protection des milieux – forment une nébuleuse qui non seulement n'est pas organisée, mais est bien souvent ignorante d'elle-même. Qu'est-ce qui pourrait les unifier ?

L'objet qui permettrait de réunir la jeunesse qui se mobilise contre le changement climatique et les associations environnementales « classiques », concentrées sur les enjeux de biodiversité et de pollution, est tout trouvé : c'est le bassin versant. Il y a quelque chose à jouer à cette échelle du bassin hydrographique, car avec l'eau, tous les problèmes remontent, par capillarité, ai-je envie de dire : alimentation, biodiversité, énergie, climat… Le film est donc aussi une adresse à cette jeunesse : intéressez-vous au bassin versant, aux acteurs qui sont déjà là, depuis longtemps, qui font un travail indispensable. Je parle des associations de défense de l'environnement qui œuvrent au niveau local, qui empêchent la mise en place d'une nouvelle gravière, la disparition d'une zone humide…

toutes ces petites choses qui n'attirent jamais l'objet de l'attention des grands médias.

« Le cinéma sert à montrer que le monde est peuplé d'amis » : vous citez cette phrase de Roberto Rossellini qui résume bien les enjeux de ce film.

J'ai montré le film dans le Béarn, à ceux qui y ont participé. Malgré leur proximité géographique et leurs affinités, aucun des protagonistes ne se connaissait. Puisse le film donner à voir leur compagnonnage secret, les aider à prendre conscience de la communauté à laquelle ils appartiennent et donner envie à d'autres de la rejoindre, afin que cette minorité soit fière d'avoir raison parmi les fous et parle d'une voix de plus en plus consciente d'elle-même, ferme et puissante.

Filmographie

LE TEMPS DES GRÂCES

2009 • 123 min

Le monde agricole français aujourd'hui, à travers des récits croisés: agriculteurs, chercheurs, agronomes, écrivains… avec comme point de départ une inquiétude esthétique, celle de la disparition possible des paysages agricole, mais aussi leur résistance aux bouleversements qui les frappent.

LA LIGNE DE PARTAGE DES EAUX

2014 • 108 min

La Ligne de partage des eaux s'inscrit dans le périmètre du bassin versant de la Loire, de la source de la Vienne sur le plateau de Millevaches jusqu'à l'estuaire du fleuve. La ligne de partage des eaux n'est pas seulement cette ligne géographique qui sépare des bassins versants, mais elle est aussi la ligne politique qui relie des individus et des groupes qui ont quelque chose en partage: de l'eau, un territoire, un paysage.

NUL HOMME N'EST UNE ÎLE

2018 • 96 min

« … chaque homme est un morceau du continent, une partie de l'ensemble. » *Nul nomme n'est une île* est un voyage en Europe, de la Méditerranée aux Alpes, où l'on découvre des hommes et des femmes qui travaillent à faire vivre localement l'esprit de la démocratie et à produire le paysage du bon gouvernement. Le local serait-il le dernier territoire de l'utopie ?

LA RIVIÈRE

2023 • 104 min

Entre les Pyrénées et l'Atlantique coulent des rivières qu'on appelle les gaves. Des champs de maïs les assoiffent, des barrages bloquent la circulation du saumon. L'activité humaine bouleverse le cycle de l'eau et la biodiversité des rivières, mais des passionnés essaient de connaître, de comprendre et de protéger cet environnement menacé.

REMERCIEMENTS
à Louis Beauvié,
Mina Driouche,
Jérôme Momcilovic
et Guillaume Orignac.

Prolongez la lecture de ce livre
en accédant au contenu additionnel
prévu par l'auteur et disponible
à cette adresse :

www.playlistsociety.fr/marchais

DÉJÀ PARU

FACEB001
Frederick Wiseman, à l'écoute • 2018
INTRODUCTION *Laura Fredducci*
ENTRETIEN *Quentin Mével et Séverine Rocaboy*

FACEB002
Henri-François Imbert, libre cours • 2018
INTRODUCTION *Raphaëlle Pireyre*
ENTRETIEN *Quentin Mével*

FACEB003
Pierre Salvadori, le prix de la comédie • 2018
INTRODUCTION *Nicolas Tellop*
ENTRETIEN *Quentin Mével et Dominique Toulat*

FACEB004
Valérie Donzelli, le tourbillon de la vie • 2019
INTRODUCTION *Thomas Messias*
ENTRETIEN *Quentin Mével*

FACEB005
La Mécanique Lucas Belvaux • 2020
INTRODUCTION *Louis Séguin*
ENTRETIEN *Quentin Mével*

FACEB006
Laurent Cantet, le sens du collectif • 2022
INTRODUCTION *Marilou Duponchel*
ENTRETIEN *Quentin Mével*

FACEB007
Patricia Mazuy, l'échappée sauvage • 2022
INTRODUCTION *Gabriela Trujillo*
ENTRETIEN *Quentin Mével et Séverine Rocaboy*

FACEB008
DOA, rétablir le chaos • 2023
INTRODUCTION & ENTRETIEN *Elise Lépine*

DANS LA COLLECTION FACE B

Achevé d'imprimer en octobre 2023 par Corlet Imprimeur,
14110 Condé-en-Normandie, France.
N° d'imprimeur : 23090249 - Dépôt légal : novembre 2023.